R. GASCHET

La Vie et la Mort Tragique
DE
PAUL-LOUIS
COURIER

Librairie GARNIER FRÈRES
6, Rue des Saints-Pères, 6
— PARIS —

La Vie et la Mort Tragique

DE

PAUL-LOUIS

COURIER

R. GASCHET

La Vie et la Mort Tragique
DE
PAUL-LOUIS
COURIER

PARIS
LIBRAIRIE GARNIER FRÈRES
6, RUE DES SAINTS-PÈRES

LA VIE ET LA MORT TRAGIQUE

DE

PAUL-LOUIS COURIER

CHAPITRE I

LA JEUNESSE DE COURIER

L'ENFANCE DE COURIER. — LA TOURAINE AVANT 1789. —
PREMIÈRES ÉTUDES. — L'ÉCOLE DE CHALONS. — THIONVILLE.

La famille de Paul-Louis Courier est originaire de Saint-Maurice-aux-Riches-Hommes, petite localité qui se trouve dans le département de l'Yonne. Les Courier, ses ancêtres, étaient de bons bourgeois de province qui vivaient tranquilles sans ambition.

Stimulé par le désir de sortir de cette médiocrité et de faire fortune, le grand-père du pamphlétaire quitta d'assez bonne heure son village natal et vint s'établir à Paris en qualité de « marchand pour la provision de Paris ». Il eut deux enfants : un fils Jean-Paul Courier, né comme lui à Saint-Maurice-aux-Riches-Hommes le 2 novembre 1732, et une fille Élisabeth-Suzanne Courier, qui épousa un certain Claude Turlin, fermier général des coches de la haute Seine. On voit que ce Turlin, qui approvisionnait de bois la capitale, avait pris la suite des affaires de son beau-père.

Quant à Jean-Paul Courier, père de notre Paul-Louis, sans embrasser aucune profession, il se contenta de jouir de la fortune paternelle, qui était belle, et qui lui valait le titre de bourgeois de Paris.

Viveur et dissipé dans sa jeunesse, il avait des relations avec quelques gentilshommes authentiques qui ne craignirent point de faire appel à sa bourse. C'est ainsi qu'il prêta, d'après Armand Carrel, des sommes considérables à un duc et pair, dont il avait séduit la femme. Or, un soir, en sortant de l'Opéra, il faillit être assassiné par des gens soudoyés par son débiteur. Nulle part nous n'avons trouvé confirmation de cette accusation portée contre le duc d'O... Il est certain toutefois que Jean-Paul Courier fut attaqué à la sortie de l'Opéra par un laquais et un soldat aux gardes, qu'il parvint à mettre en fuite, mais qui furent arrêtés et roués. On chercha à étouffer l'affaire : Courier fut exilé en province.

Il quitta Paris en 1768, et alla s'établir d'abord à Tours, puis dans le beau domaine de Méré, paroisses d'Artannes et de Pont-de-Ruan, sur les bords de l'Indre, qu'il acquit le 6 mars 1768. Près de six ans, il habita cette agréable et poétique vallée, que Balzac a décrite et chantée dans son célèbre roman : *Le lys dans la vallée.* Quoique bien accueilli par la noblesse du pays, qui ne craignit pas de se lier avec un « bourgeois de Paris », nous le voyons, en 1774, vendre son fief noble de Méré pour acheter une autre propriété située au nord de la Loire, dans la paroisse de Mazières. Cette nouvelle terre, à laquelle étaient attachés d'importants droits féodaux, s'appelait le château du Breuil.

Quelle fut la cause de cet exode de Jean-Paul Courier ? C'est qu'il se disposait alors à régulariser sa situation, en épousant une jeune femme, domiciliée à Paris, rue du Mail, dont il avait déjà un enfant, Paul-Louis, qui devait être le célèbre pamphlétaire. Or il n'osait contracter cette union au vu et su de ses voisins de Pont-de-Ruan, dont il craignait les appréciations sévères. La noblesse provinciale était austère et manquait d'indulgence. C'est pourquoi il émigra dans la paroisse de Mazières, loin de ses anciennes relations.

A peine installé au Breuil, il fit célébrer son mariage dans la très modeste église de Mazières, où, en qualité de seigneur du village, il avait non seulement droit de banc dans le chœur, mais encore « droit de la chapelle de Notre-Dame, pour assister au service divin ». Ce fut le 11 février 1777 qu'eut lieu cette cérémonie, qui légitima à la fois la jeune femme Louise-Élisabeth La Borde et l'enfant qu'elle avait mis au monde cinq années plus tôt. En effet Paul-Louis Courier était né à Paris le 4 janvier 1772 et il avait été baptisé le même jour en l'église Saint-Eustache ; il avait d'ailleurs été élevé, non à Paris, mais dans la maison de son père, dans la terre de Méré d'abord, puis au Breuil.

Pour assurer à son fils le bénéfice de la légitimation, Jean-Paul Courier introduisit une instance devant la chambre du Châtelet, et il obtint la réformation de l'acte de baptême de Paul-Louis.

Quelques mois après le mariage, la famille Courier quitta le vaste domaine du Breuil, dont on n'allait pas tarder à se défaire pour un prix avantageux, et vint habiter une riante closerie sur les bords de la Loire, nommée la Véronique. Située dans la paroisse de Cinq-Mars, adossée au coteau qui endigue le vaste fleuve, elle se compose d'un modeste corps de logis divisé en plusieurs chambres basses, dont quelques-unes sont taillées dans le roc. Rien de plus simple que cette résidence, où s'écoula une bonne partie de l'enfance de Paul-Louis Courier. Mais la situation est charmante. Derrière, sur les hauteurs, quelques taillis et un clos de vigne ; devant la maison, une belle pièce de pré, plantée de mûriers, qui s'étend jusqu'à la majestueuse « rivière de Loire ».

4

C'est là que vécut jusqu'à douze ans et demi, entouré de l'affection de ses parents, le futur pamphlétaire. Il s'y livre aux jeux de son âge en compagnie des fils du « closier » ; nous le voyons folâtrer sur les terrasses, dans les cours et dans le jardin de la Véronique. Il s'amuse à élever des vers à soie dans des locaux aménagés à cet effet et exposés en plein midi ; plus tard, il change leur destination et y élève des perdrix.

Tout en prenant ses ébats dans la propriété paternelle, il contemple des tableaux variés, empreints à la fois de majesté et de grâce, et bien dignes d'inspirer un poète ou un artiste. A ses pieds, le fleuve nonchalant épanche ses ondes bleues, qui se grossissent des eaux que le Cher lui verse presque en face de la propriété. Un peu sur la droite, une île, appelée l'île César, tempère par ses vertes frondaisons la monotonie de cette vaste étendue d'eau. Au fond du paysage, derrière la Loire et le Cher, se dressent les coteaux deSavonnières couverts de sombres futaies ; à gauche enfin, la vue s'étend sans obstacle sur le cours du fleuve tout égayé d'îlots verdoyants et bordé de riantes demeures. C'est la direction de la ville de Tours, située à quatre lieues, et signalée par les tours de Saint-Gatien qui s'estompent dans la brume à l'horizon.

On conçoit ainsi que le panorama contemplé par

le jeune Paul-Louis à la Véronique ait contribué à lui inspirer l'amour de la nature, qui fut, avec le goût de l'antique, la plus vive de ses passions artistiques. Mais si la nature le touche, il n'est point insensible aux souffrances du rude travailleur tourangeau, qui la cultive et l'embellit par son labeur. Cette éducation champêtre éveille en lui des idées utilitaires en harmonie avec les doctrines des économistes du temps. Tandis qu'il contemple ces fertiles campagnes, enrichies par le travail incessant du paysan, il pense, avec les philanthropes, que l'activité sociale doit tendre à rendre la vie plus facile et plus douce au cultivateur. Voilà pourquoi, dès l'âge de quinze ans, étant allé visiter le château princier et le parc de Sceaux, il faisait, au retour, ces réflexions qui ont le don de scandaliser les beaux esprits de notre temps : « J'ai vu de beaux jets d'eau, de belles statues et de beaux arbres bien taillés. Je crois que tout cela est parfaitement inutile à celui qui le possède ; et s'il y avait du froment ou des pommiers, cela ne serait pas si beau, mais cela vaudrait mieux. »

Il parle cet écolier en économiste préoccupé du bien-être de l'homme. C'est un des enseignements de son enfance qui ne devait pas être perdu pour son âge mûr. Plus tard, il devait défendre l'œuvre de la Bande noire, qui, en morcelant les grandes propriétés, met la terre à la disposition du paysan et complète ainsi les résultats pratiques de la Révolution. Il devait surtout s'intéresser au sort des modestes travailleurs des champs et en faire les héros de ses pamphlets en les embellissant avec art, sans toutefois fausser leur image, c'est-à-dire en peignant leur patience, leur courage, leur résignation à tout régime supportable.

C'est ainsi que Paul-Louis, élevé par son père, vivait à la campagne en aimant les choses et les gens qui l'entouraient. Son père ne lui donnait point l'exemple de la morgue, si commune dans les familles de bourgeois enrichis et possesseurs de fiefs nobles. Il fréquentait les artisans du bourg de Cinq-Mars, maréchaux de forges, menuisiers, bouchers, boulangers, choisissant ainsi ses relations dans un monde inférieur au sien. Il était fort simple dans sa façon de vivre et plus que modeste dans sa tenue ; sur la fin de sa vie, on le voyait l'hiver arpenter la chaussée de la Loire en face de la Véronique, vêtu soit d'une mauvaise houppelande soit d'un vieux châle de femme.

S'il n'était pas, comme les hobereaux d'alors, fier et insolent avec les paysans, du moins, en tant que propriétaire, il se montrait dur et rapace. Son défaut était l'avarice, vice qui s'était développé progressivement depuis qu'il habitait la campagne, où sans cesse il avait maille à partir avec des métayers rusés et fripons. La condition fait l'homme. Cet ancien bourgeois de Paris, réduit à vivre aux champs en exploitant ses domaines, avait parfaitement adopté l'esprit qui convenait à ses occupations. Une foule de baux notariés, conservés dans les minutes des notaires de Luynes et de Cinq-Mars, attestent par leurs prescriptions méticuleuses le caractère tout à la fois cupide et méfiant du maître de la Véronique. Nous ne craignons pas d'insister sur ces traits, car nous verrons Paul-Louis, surtout après son mariage et son établissement définitif en Touraine, prendre modèle sur son père. Il s'efforcera de l'imiter, en regrettant de n'être pas aussi combatif que le vieillard, qui « avait toujours quelque procès ». « C'était, explique-t-il, pour ne pas se laisser manger la laine sur le dos. » Très nombreux sont en effet les procès qu'il soutint. Sans cesse, nous le voyons relancer les mauvais payeurs, ou traîner devant le juge de paix de Langeais ses métayers et closiers pour des règlements de comptes ou des réparations locatives. Parmi ces procès, il en est même d'amusants qui font passer devant nos yeux la vie journalière des habitants de la Véronique et du Breuil.

Ce dernier domaine, que Jean-Paul Courier n'habitait plus depuis la célébration de son mariage, avait été vendu quelques années après. Comme remploi de son argent, il acheta, pour 27 550 livres, la belle terre de la Filonnière, avec ses dépendances, la maison du Pavillon, la métairie de la Houssière et le moulin de Gé. C'était une bonne propriété de rapport dans un canton boisé et pittoresque non loin de Luynes. Paul-Louis avait douze ans à l'époque de cette acquisition. Résidant habituellement à la Véronique, il regarda dès lors la Filonnière comme la maison de campagne que rêvent les enfants, c'est-à dire comme une sorte de terre promise où se passeront les vacances. C'est à cette terre que se rattachent les souvenirs les plus poétiques et les plus doux de son enfance. Plus tard, l'officier viendra s'y reposer entre deux campagnes de guerre ; il la considérera comme son « manoir paternel », où il aura son « domicile de droit selon le code ». Enfin, c'est en la visitant qu'il concevra l'idée, en 1816, d'écrire le premier pamphlet d'où lui viendra la célébrité.

Tant que la famille Courier vécut en Touraine, le jeune Paul-Louis n'eut d'autre maître que son père, qui était d'ailleurs un fin lettré. Il était bon latiniste, ayant avec élégance traduit de la Vulgate la paraphrase célèbre du Psaume *Super flumina Babylonis,* et sut inspirer à l'enfant un goût très vif pour les littératures classiques.

Cependant le souci de l'avenir de son fils le décida à s'établir à Paris, où il pourrait lui donner des maîtres capables de développer son instruction. A la fin de l'année 1784, les hôtes de la Véronique quittèrent donc les vastes horizons et les bords enchanteurs de la Loire, pour venir habiter un appartement situé rue de la Vieille-Estrapade, dans la paroisse de Saint-Etienne-du-Mont.

Ses études scientifiques ayant été jusqu'alors assez négligées, on confia Paul-Louis aux meilleurs professeurs de mathématiques. Il reçut des leçons de Callet d'abord ; puis, lorsque ce savant distingué le quitta pour aller occuper la chaire d'hydrographie à l'école de marine de Vannes, Labbey, professeur à l'école militaire de Paris, se chargea de lui rendre accessibles « les rochers d'Euclide *silvestribus horrida dumis* ». Le choix de ces maîtres s'explique par le projet qu'avait formé Jean-Paul Courier de diriger son fils vers la carrière du génie militaire. Il espérait ainsi lui permettre d'arriver à une situation avantageuse.

Toutefois le jeune homme avait déjà manifesté un goût très vif pour les lettres et particulièrement pour la langue grecque. Il importait de compléter ces études, sans négliger les mathématiques ; c'est pourquoi M. Courier s'adressa à l'un des meilleurs hellénistes de l'époque, Vauvilliers, professeur au Collège Royal.

Il avait publié, en six volumes, des extraits d'auteurs grecs à l'usage des élèves de l'école militaire. C'était donc un pédagogue en même temps qu'un savant. Son principal titre à l'estime des érudits est son *Essai sur Pindare,* où il réhabilite ce grand poète calomnié par la critique des xviie et xviiie siècles. Il fait preuve d'une grande sagacité en défendant Pindare ; mais l'écueil est sa traduction écrite dans le style de Delille. On peut penser qu'il donna au jeune Courier un exemple dangereux en lui enseignant à déguiser les Grecs selon la mode du temps et en les habillant, pour ainsi dire, à la Française. De même qu'il avait accommodé Pindare à la façon de Jean-Baptiste Rousseau et de Delille, son élève, devenu plus tard un helléniste consommé, voudra rendre Hérodote, et même Longus, dans la langue d'Amyot et de Montaigne ; et, de ce que cette tentative nous agrée, pour ce qu'il a mis en ses traductions de grâce rustique et de saveur archaïque, il n'en reste pas moins qu'il a pris avec ces auteurs des libertés qui les défigurent, qu'en un mot il les a travestis.

Dans l'éducation du jeune Paul-Louis, les arts d'agrément ne furent point négligés : en même temps qu'il recevait les leçons de Labbey et de

Vauvilliers, il avait un professeur de dessin et même un maître de danse. Mais profitant mal des conseils de ce dernier, il l'abandonna bientôt. Il devait plus d'une fois s'en repentir amèrement jusqu'au jour où, las de rougir de son inaptitude à la danse, il s'en fit donner des leçons à Toulouse, cette fois avec un plein succès.

Habitué à vivre au grand air, il faisait, dans les environs de Paris, de longues promenades, ou bien il allait jouer à la paume avec quelques condisciples, ce qui était encore un excellent exercice : aussi sa santé, d'abord assez délicate, ne tarda point à se raffermir. Il avait été atteint, dans sa première jeunesse, de la petite vérole, qui le défigura ; plus tard, une pleurésie mit sa vie en danger (Il en eut plusieurs rechutes et fut pris de crachements de sang, qui par deux fois faillirent l'emporter, en 1800 et en 1817). Mais du moins, grâce aux exercices physiques, il s'était si bien fortifié que vers l'âge de dix-sept ans, au moment de la convocation des États généraux, il ne semblait plus se ressentir des infirmités de son enfance.

Son père accueillit favorablement les premiers symptômes qui annonçaient une révolution capable de transformer l'ancienne société. Quant à Paul-Louis, un esprit d'observation rare à son âge était au service de sa raison précoce. Au milieu des discussions si ardentes qui éclataient autour de lui, dans ce Paris enfiévré de 1789, il sut juger la situation, sonder les abus de l'ancien régime et sans passion se faire, en dehors des partis, une conviction personnelle profonde et durable. C'est pourquoi lorsque plus tard, dans ses Pamphlets, il fera le tableau de la société d'avant 1789, en l'opposant au nouvel ordre de choses, ses peintures auront une singulière autorité. Il pourra dire : « J'ai vu » avec une sincérité qui ne saurait être suspecte même à ses contradicteurs.

Ni Paul-Louis ni son père ne furent effrayés des premières violences du peuple prenant conscience de sa force. Bien qu'ayant possédé des droits féodaux, l'ancien seigneur de Méré pensa que la bourgeoisie instruite et active, à laquelle il appartenait, aurait plus à gagner qu'à perdre dans cette transformation sociale qui s'opérait.

Quant au jeune étudiant, il n'avait point peur des « sans culottes ». Le 14 juillet 1789, dans la matinée, il se trouvait aux Champs-Élysées, jouant au ballon, lorsqu'il vit passer la foule qui marchait sur l'hôtel des Invalides. Abandonnant sa partie, il se mêla aux flots du peuple et pénétra dans l'hôtel, d'où il rapporta un pistolet.

Les graves événements dont cette journée devint le signal ne changèrent rien aux habitudes ni aux occupations de la famille Courier. Lorsque Paul-Louis avait travaillé avec ardeur pendant neuf ou dix mois, sous la direction de ses professeurs, il venait, au mois d'août, en Touraine, pour y jouir des vacances en compagnie de ses parents. On se partageait alors entre la Filonnière, dont les belles futaies offraient un abri agréable pendant les chaleurs de l'été, et la Véronique avec ses « chambres en roc », où l'on goûtait, pendant les ardeurs de la canicule, une fraîcheur délicieuse. Paul-Louis jouissait quelques semaines de la liberté des champs et, le fusil en main, il traquait au milieu des vignobles paternels les compagnies de perdreaux. C'est ainsi qu'en l'automne de 1790, à la veille même de la Saint-Martin, qui marquait le retour de la famille à Paris, nous surprenons le futur pamphlétaire arpentant, l'arme au bras, et suivi de son chien, les coteaux qui dominent la Loire. Bientôt il s'aventure sur les domaines du duc de Luynes défendus par de nombreux gardes contre l'intrusion des chasseurs. On était en pleine révolution : des droits féodaux il ne subsistait presque rien. Paul-Louis, qui avait failli assister à la prise de la Bastille, se crut permis d'envahir les terres d'un ci-devant duc et pair sans risquer l'amende ou la prison, et de prendre d'ores et déjà cette grande revanche du peuple sur le gibier, qui « de tout temps lui fit la guerre ».

Mais alors un des gardes du domaine, le sieur Ronceraut, surgit devant notre jeune émancipé et l'interpelle en des termes un peu vifs. Comme celui-ci lui tient tête et prétend avoir obtenu de l'intendant la permission de chasser, Ronceraut incrédule et gouailleur lui dresse procès-verbal. Trois heures plus tard, Paul-Louis entraîné par l'ardeur de son chien revient encore sur les terres du duc de Luynes ; cette fois il est désarmé par le même garde, voit confisquer son fusil et doit rentrer au logis fort dépité. Pour comble de malheur, le fusil arraché des mains de Paul-Louis ne lui appartenait pas ; en outre du déplaisir de payer l'amende, il allait falloir indemniser le propriétaire de cette arme.

Un an plus tard, M. Courier père appelait devant le juge de paix de Langeais le « ci-devant garde de Monsieur d'Albert de Luynes » dont il obtenait la remise du fusil. Ainsi se termina le litige auquel avait donné naisssance l'équipée du jeune Monsieur de la Véronique.

Rentré à Paris, celui-ci y poursuivit ses études avec la plus louable ardeur ; pour mieux stimuler ses efforts, son père affectait toujours de lui faire croire qu'il était pauvre, qu'il ne pourrait vivre sans travailler, qu'il lui fallait avant tout arriver promptement à une situation rétribuée afin de « se mettre à l'abri de la misère ».

Sur ces entrefaites, M. Labbey, dont dépendait son succès, fut nommé premier professeur de mathématiques à l'école d'artillerie de Châlons, récemment créée par l'Assemblée constituante. Plutôt que de perdre un maître si dévoué, il prit aussitôt la résolution, qui fut ratifiée par son père, d'accompagner M. Labbey, lequel ne demandait pas mieux que d'emmener avec lui quelqu'un de ses élèves. Ainsi, il put vivre désormais chez son maître « au centre des mathématiques » ; du même coup, il décida d'abandonner le génie pour l'artillerie et de se faire admettre à l'école de Châlons.

Il connut les élèves de la promotion de mars 1792, qui furent ses « anciens », et qui ne passèrent que six mois sur les bancs de l'école ; car la France avait un besoin urgent d'officiers pour remplacer ceux qui émigraient chaque jour. Parmi les aînés de Courier étaient Marmont, Duroc, Griois et Mossel qui devaient rester ses amis. Aussitôt qu'on les eut dirigés vers les régiments, eut lieu un nouveau concours auquel se présenta Paul-Louis. Il comparut devant le redoutable Laplace « grave, triste, vêtu de noir », dont l'aspect sévère faisait trembler les plus courageux, au point que Marmont raconte qu'il resta devant lui interdit et muet.

Admis 21ᵉ en qualité d'élève sous-lieutenant, Courier habita l'école depuis le 1ᵉʳ septembre 1792 jusqu'au 1er juin 1793, époque à laquelle il fut nommé second lieutenant.

Il comptait parmi les plus âgés de sa promotion, ayant vingt ans et demi tandis que beaucoup de ses camarades, comme Haxo qui resta son plus intime ami, entraient à l'école à dix-huit ans. Ce retard tenait à l'extrême indépendance qui avait présidé à ses études. On sait qu'il dérobait sans cesse quelques heures aux mathématiques pour lire des auteurs grecs, plus soucieux de sa culture générale que de sa préparation spéciale à l'examen. D'ailleurs il ne chercha point à rattraper le temps perdu. Fatigué des sciences exactes qu'il n'aimait guère, il les abandonna dès qu'elles l'eurent conduit au succès ; toutefois il conserva jusqu'à la sortie de l'école de Châlons son rang d'admission, ce qui prouve que ses rivaux ne travaillèrent pas plus que lui.

Les circonstances étaient critiques et peu favorables aux études : l'armée de Brunswick était parvenue jusqu'aux portes de la ville où régnait une extrême agitation. Les cours de l'école furent suspendus et les élèves employés à la garde des bastions, où l'on avait placé quelques canons.

Les événements les plus graves et les plus décisifs de la Révolution venaient de s'accomplir. La Commune de Paris, profitant d'une éclipse du pouvoir exécutif, s'était emparée de tous les pouvoirs ; elle déchaîna sur les prisons une foule sanguinaire exaspérée par les excitations démagogiques. Ces orgies sanglantes, appelées Massacres de septembre, s'étendirent jusqu'en province, et le jeune Courier put voir à Châlons des scènes de carnage analogues à celles de l'Abbaye et de la Conciergerie. Ce spectacle hideux non seulement lui fit prendre en horreur les révolutionnaires, mais lui inspira une aversion durable pour la république, au nom de laquelle se commettaient de tels excès.

L'exécution de Louis XVI causa une vive indignation parmi les élèves de l'école de Châlons qui, pour la plupart, étaient par tradition de famille attachés à la royauté ; au théâtre, ils saisissaient toutes les allusions au pouvoir royal et les soulignaient d'applaudissements ; les murs de leur quartier se couvraient d'inscriptions de : Vive le Roi ! vivent les émigrés ! Si plusieurs d'entre eux n'allèrent point rejoindre l'armée des Princes, c'est qu'à ce moment précis la patrie courait le plus terrible des dangers, menacée à la fois par la guerre civile dans les provinces de l'Ouest et par une coalition de l'Europe sur toutes ses frontières. Aussi Paul-Louis termine le cours de ses études au milieu d'une effervescence indescriptible. La date de l'examen de sortie est avancée : le régime de l'école devient plus sévère.

Paul-Louis s'affligeait en songeant à sa mère restée seule au milieu des dangers du Paris révolutionnaire. M. Courier père, effrayé par des scènes d'anarchie et de pillage, avait craint de devenir suspect malgré la preuve de civisme qu'il venait de donner en destinant son fils à défendre la patrie. Il quitta donc Paris, où il était inscrit dans la section de l'Observatoire, et vint seul en Touraine; il s'y sentait plus en sûreté. De nouveaux procès, où il est partie, nous montrent ce remuant vieillard qui, ne pouvant plus se lancer dans les grandes affaires où il s'est enrichi, cherche à étendre furtivement ses domaines en empiétant sur ses voisins, et en les troublant « dans la tranquille possession et jouissance » de leurs héritages. Partout où il possède, cet insatiable propriétaire met en mouvement juge de paix et huissiers ; mais parfois il est condamné et paie les frais du procès qu'il a intenté injustement, ainsi qu'il appert des minutes du greffe de la justice de paix de Luynes. Ainsi, il apprend à ses dépens que les temps sont changés : la justice du district n'est plus au service du riche contre le pauvre ; le métayer est devenu l'égal de son maître. En réalité il est même plus puissant que le propriétaire non résidant, à cause de la place qu'il occupe dans l'assemblée primaire, qui nomme le juge de paix et les membres de l'administration municipale.

Pendant que Jean-Paul Courier éprouvait ces déceptions, sa femme restée seule à Paris, souffrante et inquiète, voulait venir rejoindre à Châlons son fils chéri. Mais Paul-Louis, quoique fils très tendre, la détourne de ce projet. Il lui conseille de se rendre plutôt en Touraine où il espère pouvoir aller l'embrasser après sa sortie de l'école. Sur ces entrefaites, il subit son dernier examen. Interrogé par Laplace sur l'hydrostatique, il répond avec une naïveté qui le peint: « Monsieur, je ne sais rien de cette matière, mais si vous m'accordez quelques jours, je m'en informerai. » Ce peu de temps écoulé, « il se présenta de nouveau et donna à l'examinateur une si haute idée de son intelligence, qu'il en obtint d'être classé avantageusement ».

Courier avait espéré être appelé du côté de l'Espagne et pouvoir, en passant, s'arrêter à la Véronique auprès de ses parents. Son attente fut déçue ; car nommé second lieutenant et classé au 7ᵉ régiment d'artillerie, c'est à Thionville qu'il dut rejoindre. Il allait faire partie de l'armée de la Moselle ; toutefois il restait provisoirement loin de la guerre et du péril.

Quelles seront ses occupations préférées, quels seront aussi ses plaisirs dans cette première garnison ? A une époque si critique pour la France, notre jeune lieutenant ne paraît guère se douter

qu'il est soldat. Préoccupé avant tout de ses études grecques et latines, il se fait envoyer de Paris,
par sa bonne mère, toujours pleine de dévouement,
des livres parmi lesquels on remarque un Démosthène. Ce sont ses meilleurs amis. « Mes livres,
a-t-il soin d'expliquer, font ma joie et presque
ma seule société. Je ne m'ennuie que quand on
me force à les quitter et je les retrouve toujours
avec plaisir. » Sans cesse penché sur ces bouquins, qui sont « assez sales » à force d'être feuille-
tés, il oubliera et le monde et la guerre. L'étude des
textes classiques constitue sa principale occupation, c'est ce qu'il appelle, dans ses lettres, « mon
travail ». A côté de cela, l'apprentissage du métier
militaire, la connaissance des soldats qu'il est
chargé de commander, ne sauraient entrer en
ligne de compte ; on peut dire que Paul-Louis
est une véritable exception et que ses goûts sont
en opposition avec ceux de presque tous les jeunes
hommes.

Son père s'inquiétait à la fin de voir le jeune
artilleur consacrer aux langues mortes le meilleur
de son temps, et il craignait, avec son esprit si
positif, qu'il ne compromît son avenir. Mais Paul-
Louis, jusqu'alors si docile aux directions paternel-
les, ne craignit pas d'opposer sa volonté à celle de
M. Courier. N'a-t-il pas le droit de s'accorder une

satisfaction qui est pour lui la plus grande de toutes? Du moment qu'il a su se mettre à l'abri du
besoin et qu'il gagne sa vie, personne ne peut le
blâmer de satisfaire un goût si honorable, qui lui
offre « des plaisirs toujours nouveaux ». Le ton ré-
solu qu'il employait pour défendre sa vocation en
imposa à son père ; le vieillard cessa de le taquiner
sur ses goûts de lettré.

Les six mois que notre jeune officier passa dans
la garnison de Thionville furent donc bien employés
pour ses études d'érudition. Pourtant — et c'est ici
qu'apparaît l'inégalité et la faiblesse de son caractère — il se laissa entraîner par ses camarades à
fréquenter des « coteries » et à s'y livrer beaucoup
plus qu'il n'eût voulu. Pendant l'hiver de 1794, il
perdit au bal presque toutes ses soirées. Ce curieux
témoignage nous apprend qu'en pleine Terreur et
si près de l'ennemi on s'abandonnait à l'emporte-
ment des plaisirs. Quant à Paul-Louis, il restait
triste et soucieux au milieu d'une société en fête.
C'est que, sans parler des maux de tête fréquents
dont il se plaint, il souffrait cruellement de ne savoir pas danser. Tantôt il craignait de passer pour
un rustre ; tantôt au contraire il avait peur qu'on le
taxât de fierté méprisante lorsqu'il refusait, et pour
cause, de se mêler aux danseurs. C'est ce qui lui
arriva lors du mariage d'un de ses sergents, où il

était invité. Ainsi, son ignorance dans l'art de Vestris lui valut pas mal « de peines et de mortifications » ; c'est lui-même qui le confesse.

Si le travail lui était plus cher que les réunions, qui trop souvent l'en détournaient, une chose lui semblait aussi précieuse que l'étude solitaire d'un texte grec ; c'était une lettre de sa mère. La sollicitude de Mme Courier ne se bornait pas à des protestations de tendresse ; elle éclatait dans des envois d'habits, de parures, de rubans et d'une foule de « petits paquets, tous accompagnés de billets et arrangés de manière qu'un aveugle y eût reconnu la main maternelle ». Toutes ces attentions touchaient vivement le cœur de Paul-Louis qui, élevé jusqu'à vingt ans si près de son père et de sa mère, n'avait jamais regretté, à Châlons et à Thionville, « que le sourire de ses parents ». Aussi, avant de le taxer d'insensibilité et de sécheresse de cœur, comme il est aujourd'hui de mode, on devrait relire les lettres que, dans sa jeunesse, il écrivait à sa mère. On comprendrait alors que ce qui le rendit plus tard dur, égoïste et froid, ce sont les épreuves que lui réservait l'existence, et la plus cruelle de toutes, son union malheureuse avec une femme indigne.

Il avait fait, sur les derrières de l'armée de la Moselle, un apprentissage assez doux de la vie militaire. Le cauchemar, qui le hantait, de camper en plein hiver avait été écarté de lui. Ce ne fut qu'au printemps qu'il fut appelé au camp de Blies-Castel, sur un affluent de la Sarre. Alors, il vit la guerre et dut « coucher au bivouac à côté de ses canons ». Il allait mener, pendant quelques mois, la rude vie des conquérants de l'an II.

CHAPITRE II

PÉRÉGRINATIONS MILITAIRES
ET TRAVAUX SCIENTIFIQUES

BLIES-CASTEL ET MAYENCE. — TOULOUSE ET RENNES SOUS
LE DIRECTOIRE. — PREMIER SÉJOUR EN ITALIE. — PREMIERS
TRAVAUX D'ÉRUDITION.

Sur le séjour du jeune officier à Blies-Castel, sur ses occupations, sur son activité nous sommes renseignés par une intéressante lettre inédite que nous venons de découvrir[1]. Il était chargé, ainsi que les autres officiers d'artillerie, commandant des parcs à l'arrière des troupes combattantes, de centraliser les états de situation des divisions placées devant lui. Nous le voyons donner des explications à ce sujet à son camarade Allix de la promotion de Châlons, de mars 1792, qui, devenu déjà capitaine, quoique n'ayant pas vingt ans, commandait le parc d'artillerie de Sarreguemines.

---

1. Cette lettre ne figure pas parmi celles que nous avons déjà publiées dans la « Jeunesse de P.-L. Courier ».

PAUL-LOUIS COURIER

Blies-Castel, le 10 Floréal
(29 avril 1794)

Mon cher ami,

J'ai reçu du citoyen Dieudé précisément les mêmes ordres que toi, mais avec des explications qu'il a mal à propos omises dans ceux qu'il t'a adressés. Après l'article que tu me cites dans ta lettre, il ajoute : Bien entendu que tu n'enverras l'état que des divisions qui sont à ta portée. Tu t'entendras avec les citoyens Allix et Alexandre tes plus proches voisins afin d'établir une ligne de démarcation entre eux et toi et de ne pas rassembler chacun les mêmes objets. Avec ce peu de mots, qui, selon moi, t'auraient marqué très clairement les bornes de ton travail, Dieudé t'eût épargné, comme à moi, des lettres inutiles et des demandes hazardées. J'ai fait remettre ta lettre au général Moreaux. Mais j'ai suspendu l'envoi de celles que tu adresses au C^n Miché et au C^n Marescot. Les états de situation du premier te doivent être remis et ceux du second regardent Mathieu cadet qui commande le parc de Kaiserslautern. Pour moi je ne m'occuperai que de la division du général Chapsal dont l'état major est ici. Alexandre rassemblera tout ce qui concerne celle du général Desbureaux. Mathieu sera pour la division d'Ambert, le reste est de ton ressort.

COURIER.

Cette lettre nous montre Courier s'occupant consciencieusement des devoirs de sa profession ; elle prouve que la négligence, où il tomba plus tard, doit être imputée au découragement.

Devenu premier lieutenant dès le 4 frimaire an II, alors qu'il était encore à Thionville, il pouvait espérer, comme ses camarades, un bel avenir militaire.

26

Il servait toujours à l'armée de la Moselle, dont le commandant en chef était René Moreaux, brillant général qui, victime d'une véritable méprise historique, a vu sa propre gloire portée au compte de son illustre homonyme Victor Moreau.

Lorsque René Moreaux eut été confirmé dans son commandement par le comité de salut public, qui lui envoya son brevet de général en chef, le 25 juin 1794, il alla attaquer l'ennemi dans ses positions, le tailla en pièces à Trippstadt (14 juillet 1794) et débusqua Mœllendorf le vainqueur de Kaiserslautern. Alors il s'avança contre la place de Trèves qu'il contraignit à lui ouvrir ses portes, après avoir culbuté les Prussiens et les avoir refoulés jusqu'à l'extrémité de l'Electorat (9 août).

Après cette belle victoire de l'armée de la Moselle, Courier fut appelé, nous dit la notice qui accompagne ses *Lettres inédites,* au grand parc de l'armée, où il dut organiser un atelier pour la réparation des armes. « Il s'établit à cet effet dans un vaste monastère que les moines avaient abandonné, et prit pour lui le logement de l'abbé. Voilà donc Paul-Louis au couvent, logé à la vérité dans un « appar- « tement magnifique, meublé de tout ce que le luxe « et la commodité peuvent rassembler. »

Ce séjour fort agréable ne se prolongea guère au delà de quelques mois ; car nous savons, par Courier lui-même, qu'il passa, campé sur les bords du Rhin, l'hiver suivant, c'est-à-dire le terrible hiver de 1794-95. Il souffrit cruellement de la température, et quinze ans plus tard il écrivait : « J'y pensai geler à vingt ans ; je ne fus jamais si près d'une cristallisation complète. »

Repassant près de Trèves, quelques mois après, il trouva son abbaye complètement dépouillée par les commissaires de la Convention qui appliquaient avec rigueur aux pays conquis le système barbare de « l'évacuation ». Le jeune officier s'affligea en constatant que l'héroïsme des armées républicaines aboutissait à rendre possible cette honteuse spoliation des vaincus, aussi cruelle que l'incendie l'avait été au temps de Louvois.

Courier fut promu capitaine le onze messidor an III. Il se trouvait alors au quartier général de son armée campée devant Mayence. Quelle lubie traversa son esprit ? quel caprice insensé s'empara de lui ? on ne sait au juste à quelles suggestions il céda ; toujours est-il que cet officier quitta subitement son poste « sans prévenir personne, et sans attendre aucun congé ».

Comprenant en route l'imprudence criminelle de sa conduite, il s'arrêta à Paris et s'employa en démarches pour se faire pardonner « la manière brusque dont il avait quitté l'armée ». Les amis auxquels il s'adressa obtinrent qu'il fût envoyé dans le midi de la France à Alby, ce qui lui permettait de s'arrêter à la Véronique et d'y faire un séjour d'une certaine durée. C'était précisément ce qu'il souhaitait. Il arrivait ainsi à ses fins, et atteignait le but qu'il avait visé en désertant son poste.

Longtemps plus tard, en composant les notices ou mémoires qui servent à relier entre elles ses *Lettres inédites,* Courier a éprouvé le besoin d'expliquer et d'excuser cet abandon subit de son poste devant Mayence. Il a eu recours à un mensonge. Ayant reçu, dit-il, la nouvelle de la mort de son père, « cet événement inattendu fit sur lui une impression si vive, que, oubliant tout et ne pensant qu'à la douleur de sa mère, retirée à la Véronique, il résolut d'aller se réunir à elle, et partit aussitôt sans prévenir personne et sans attendre aucun congé. »

En écrivant ces lignes, Paul-Louis ne songeait pas qu'il serait facile aux historiens futurs de le réfuter ; car la date de la mort de son père ne coïncide nullement avec l'époque de sa fugue. En effet, au mois de juin 1795, Jean-Paul Courier, âgé de soixante-trois ans à peine, continuait à diriger ses domaines avec l'activité dont toujours il fit preuve. Son extrait de décès, découvert à la mairie de Cinq-Mars, nous apprend qu'il devait vivre encore huit mois. Il ne mourut que le 11 février 1796.

Ainsi son fils, arrivé à la Véronique vers le 20 juin, put l'embrasser et passer auprès de lui quelques semaines avant d'aller prendre son service à Alby, où il était chargé de l'inspection des forges, pour les départements du Tarn et de l'Ariège. Mais l'incorrection de sa conduite lui causait quelques inquiétudes. Aussi, dès le 23 juin, il se rendit devant le conseil municipal de la commune et lui présenta sa nomination qui fut transcrite sur le registre des délibérations. C'était, en l'absence d'un congé régulier, une précaution destinée à justifier, aux yeux des autorités du département, sa présence dans la commune de Cinq-Mars. Ainsi comptait-il détourner tout soupçon.

Arrivé au mois de septembre seulement à son nouveau poste, il y reprit ses études favorites et s'occupa du texte de Cicéron dont il traduisit le *Pro Ligario*.

D'Alby il fut bientôt appelé à Toulouse, où il trouva des distractions dont sa vie studieuse avait été, jusqu'à ce jour, totalement privée. En cette année 1796, la France tout entière, délivrée du cauchemar de la grande Terreur, s'abandonnait aux plaisirs avec une véritable fureur : le jeune officier, si sévèrement élevé par ses parents, n'allait pas tarder à se laisser emporter par le tourbillon d'une vie de fêtes, dans une des villes les plus gaies de notre Midi.

Le jour même de son arrivée, en dînant chez un traiteur, il fit connaissance d'un jeune homme, appartenant à une excellente famille de Cordes, dans le Tarn, qui ne tarda pas à devenir son ami intime. Ce jeune homme, qui avait nom Dalayrac, a conté plus tard, avec de piquants détails, le séjour que fit Courier à Toulouse.

Il nous le peint « grand, mince et maigre, avec une bouche énorme, de grosses lèvres, fort laid, mais d'une laideur rachetée par une conversation animée, piquante et instructive ». Son esprit caustique, remarque-t-il, tenait plus de la rondeur tudesque que de l'urbanité française. Dalayrac va visiter son nouvel ami dans la chambre meublée qu'il lui a indiquée, et il le trouve en train de déballer ses livres favoris, qui le suivaient dans tous ses voyages. Parmi les auteurs français, il remarque Pascal, Montaigne, Rabelais et La Fontaine. « Voilà mes vieux amis, s'écrie Paul-Louis, mes compagnons, mes guides ; c'est avec eux que je me délasse des fatigues de la guerre. »

Il se peint alors au vif par un petit discours, où on le retrouve tout entier avec ses goûts studieux, son horreur du bruit et de l'oisiveté, son scepticisme précoce, et, il faut bien l'avouer, avec son égoïsme inconscient et naïf, mais déjà choquant ; laissons-lui la parole

« Je suis peu fait pour le métier des armes : les longues marches, la fraîcheur des bivouacs, le tumulte et l'oisiveté des camps fatiguent la tête ; la vue d'un champ de bataille soulève mon cœur. — Liberté ! Dieu le veut ! Vive la République ! sont des paroles magiques à l'aide desquelles les ambitieux de tous les temps ont soulevé les peuples et bouleversé les empires. — Grâce à ma bonne étoile, je suis sorti sain et sauf de la mêlée. Que les tambours battent maintenant la diane, le rappel, la générale ou la charge, je m'en moque, cela ne me regarde plus. J'inspecte les forges ; je fais préparer des armes à ceux qui doivent combattre. Je vais, dans mes loisirs, sacrifier aux Muses ; je vais redire en prose française les amours naïves de Daphnis et de Chloé. Puisse Longus retrouver en moi un traducteur digne de lui ! »

Nous apprenons, par cette déclaration, que le dessein de traduire du grec de Longus les amours de Daphnis et Chloé est dès lors arrêté dans son esprit. Bien des années s'écouleront encore avant qu'il lui soit possible de mettre la dernière main à ce travail, mais du moins il y pense et peut-être y consacre déjà une partie de son temps.

C'était la matinée qui était occupée par ce sérieux labeur, et par quelques autres qui durent faire tort plus d'une fois à la correspondance administrative de l'inspecteur des forges. Tout studieux qu'il était, Paul-Louis ne s'enfermait pas la journée entière dans sa chambre. Il se promenait beaucoup, seul ou avec des amis, et se dirigeait habituellement du côté du canal ombragé par de magnifiques peupliers, sous lesquels il se plaisait à rêver. C'est là qu'au cours de doctes entretiens, où toute l'antiquité classsique eut sa place, il entraîna bien des fois un savant polonais, M. Chlewaski, dont il avait fait rencontre chez un libraire. Dix ans plus tard, les instants passés en compagnie de ce lettré dans ce site charmant lui paraissent compter parmi les plus doux de sa vie.

Mais il goûte des plaisirs plus frivoles : les spectacles, les bals, les aventures galantes remplissaient l'existence de la jeunesse, en ces joyeuses années du Directoire. Notre officier n'échappe point à l'entraînement général.

« Un soir, nous dit Dalayrac, qu'il assistait à la première représentation de *La Fille mal gardée*, ballet-pantomime, son cœur fut vivement ému par les grâces légères et les pirouettes de Mlle Simonette, charmante danseuse. Il s'empressa d'aller dans les coulisses la féliciter de son succès, et il fut accueilli avec un sourire si gracieux que la tête lui en tourna et qu'il prit le lendemain un maître à danser, pour se rendre ainsi plus digne d'approcher

33

de cette belle. Depuis cette époque, il eut pour la danse une véritable passion. Je le trouvais souvent en nage vaquant à cet exercice. »

Quant à la liaison banale qui avait provoqué cette recrudescence d'amour pour la danse, elle dura plusieurs mois ; elle entraîna Courier à des folies, « et comme il avait l'habitude, nous dit son ami, d'écrire en grec ses dépenses secrètes, j'eus occasion de remarquer que son livre-journal s'était enrichi, à cette époque, de plusieurs articles en langue d'Homère ».

Le désir de plaire développe le goût de la toilette ; transformé en muscadin notre officier d'artillerie connut de frivoles préoccupations d'élégance.

Chaque jour d'ailleurs il retrouvait son ami Dalayrac parmi les convives de la table d'hôte où il prenait ses repas. « C'est là qu'une douzaine de jeunes gens, doués d'un riche appétit, se réunissaient matin et soir ; c'est là que chacun racontait les nouvelles du jour, ses bonnes fortunes de la veille, ses espérances pour le lendemain ; temps heureux où les plaisirs vifs, les rires bruyants, les confidences intimes et une bienveillance réciproque nous faisaient savourer les charmes de l'amitié ».

Paul-Louis n'y était pas insensible, bien qu'il soit de mode aujourd'hui de le représenter comme un être insociable et hargneux. A cette époque de sa vie, et plus tard en Italie, il eut de nombreux amis et sut se les attacher. Mais il ne les prenait pas au hasard ; il se laissait guider dans ses choix par la distinction de l'esprit et des manières. C'est ainsi qu'à la table d'hôte, il se lia particulièrement avec un jeune homme qui se faisait appeler Lonce et qui, voyageant, disait-il, pour des affaires de commerce très importantes, était en réalité un émigré qui s'était permis de rentrer en France sans autorisation préalable.

Dans cet émigré, Paul-Louis avait reconnu un jeune homme de son éducation et de son monde. N'oublions pas que le fils de l'ancien seigneur de Méré et du Breuil devait être regardé à Tours, en 1815, comme un « épuré », c'est-à-dire comme un noble exempt de toute compromission avec la Révolution et l'Empire. Il avait vécu pendant toute son enfance comme ces jeunes gentilshommes dont les châteaux étaient voisins de ceux de son père ; il les avait peu fréquentés sans doute, mais enfin ses traditions de famille, sa fortune, ses études le rapprochaient d'eux bien plus que des sans-culottes.

Voilà pourquoi Courier, qui s'était lié d'instinct avec Lonce, chez qui il trouvait communion d'idées et de goûts, ne dut pas être fort surpris lorsque son ami le vint trouver et lui tint ce discours : « Mon

cher Courier, nous sommes liés d'une manière trop
intime pour que je vous cache plus longtemps mon
véritable nom et la position critique dans laquelle
je me trouve. Je m'appelle Rissan, ma famille habite les environs de Bordeaux ; j'ai émigré fort
jeune et je suis rentré clandestinement en France
depuis quelques mois. Mon père vient de m'écrire
pour m'engager à quitter Toulouse, où mes jours
ne sont pas en sûreté, et veut que j'aille en Suisse
attendre des temps plus heureux, il m'envoie de
l'argent pour faire ce voyage. Que me conseillez-
vous ? »

« De garder l'argent ; c'est un bon ami surtout en
temps de révolution, dit Courier. Ensuite, pour
tranquilliser monsieur votre père sur le sort de son
cher fils, il vous faudra voyager fictivement dans
les Treize-Cantons, sans quitter néanmoins les
bords de la Garonne ; je me charge de vous fournir
une description des sites pittoresques que vous serez
censé avoir visités, des escarpements épouvantables,
des neiges éternelles, des avalanches, des glaciers,
des torrents, des abîmes, des ours, et puis des
prairies émaillées de fleurs, des eaux limpides, des
cascades, des troupeaux bondissants et des bergè-
res ravissantes ; tout cela sera délicieux. Allons,
écrivez à M. votre père que vous allez vous mettre
en route ; vous lui donnerez plus tard votre adresse

pour vous faire passer des fonds par Toulouse ; vous les recevrez ici vous-même sans escompte. » Lonce ne put résister à des conseils si pressants et si conformes à ses désirs, et il resta. Nous travaillâmes tous les trois à sa correspondance avec son père, qui devint une chose extrêmement plaisante et qui nous amusa beaucoup.

Courier avait une manie fort commune à cette époque parmi les jeunes gens, c'était celle de vouloir passer pour un homme à bonnes fortunes. Cette manie, ou pour mieux dire ce travers, le rendit victime d'une aventure fâcheuse qui fut la cause de son départ précipité de Toulouse, et qui changea ainsi brusquement le cours de ses destinées.

Mme de M... s'était fixée momentanément à Toulouse avec son mari et sa nombreuse famille. Elle recevait tous les soirs une petite société dans laquelle nous allions habituellement avec Courier, et, comme Mme de M... avait des demoiselles charmantes, on y dansait quelquefois. Paul-Louis adressait ses hommages à Mlle Agathe, l'une d'elles. Un jour dans le feu de ses déclarations il lui dit : « Vous me verrez quelque nuit pénétrer dans votre chambre comme un sylphe. » — « J'en mourrais de frayeur, lui répondit elle. » Et cependant, le soir même, Courier, au lieu de se retirer avec le reste de la société, se glissa furtivement dans la chambre de Mlle Agathe. Cette jeune personne, après avoir fait, selon sa coutume, sa prière en commun avec sa famille, regagnait seule et sans défiance son appartement lorsque, en y entrant, elle aperçoit un homme caché dans la ruelle de son lit ; elle pousse un cri d'effroi, appelle au secours! au voleur! Elle veut fuir ; Courier s'élance, se fait connaître et veut la retenir. Mlle Agathe le repousse et le précipite vers son père qui, attiré par le bruit, arrivait armé d'un fusil à deux coups. Il était suivi de ses domestiques portant des bâtons, et de M. Faune, le précepteur des enfants, qui, dans ce danger pressant, faisant arme de tout, s'était saisi d'une broche qu'il tenait comme un soldat tient son fusil lorsqu'il croise la baïonnette. M. de M..., qui a reconnu Courier, fixe sur lui des yeux étincelants de colère, lui adresse de violents reproches ; Courier s'humilie, baisse la tête, s'avoue coupable, dit que ses intentions sont pures, quoique sa démarche soit inconsidérée, qu'il n'a qu'un but louable, et que tout s'expliquera plus tard. En parlant ainsi, il cherche à battre en retraite. M. de M... ne voulant pas prolonger cette scène pénible, laisse le passage libre à Courier, qui en profite et renverse en passant M. Faune, qui s'écrie douloureusement : « O tempora, o mores » !

Le lendemain, étant allé de bonne heure voir

Courier et prendre congé de lui, parce que j'allais partir pour l'Albigeois, il me raconta cette malheureuse aventure. « Ces sortes d'affaires, me dit-il, se terminent ordinairement par un mariage ou un coup d'épée ; mais comme aucun de ces deux dénouements ne me convient, je vais prendre des chevaux de poste pour en chercher un troisième. Je suis trop jeune encore pour courber la tête sous le joug pesant du mariage et je ne m'exposerai jamais à tremper mes mains dans le sang d'un bon père de famille, que j'ai offensé par une conduite inconsidérée ; ainsi donc, mon cher ami, il ne me reste plus qu'à faire mes paquets et à m'éloigner de ces lieux. Quand vous reviendrez à Toulouse, vous ne m'y retrouverez plus ». En effet, quelques jours après, il partit sans congé pour Paris.

Tel est l'intéressant récit que Dalayrac nous a laissé des frasques de Courier à Toulouse.

Les deux amis ne devaient plus se revoir ; mais ils conservèrent longtemps le souvenir de leurs joyeuses équipées et leur liaison se prolongea, pendant plusieurs années, sous la forme d'un aimable commerce épistolaire [1].

---

1. Dalayrac avait conservé toutes les lettres de Courier. Il en publia trois et des fragments et laissa les autres à sa fille Elvire, épouse du comte de Voisins, qui ne put souffrir chez elle la présence de lettres dont la plupart contenaient le récit

Courier partait donc pour Paris *sans congé*. D'ailleurs l'incorrection de cette fugue ne saurait plus nous surprendre chez un homme qui avait déjà quitté son poste devant l'ennemi à Mayence.

Arrivé dans la capitale, il s'installa chez son cousin Pigalle, administrateur général des étapes et transports militaires. C'était une joyeuse maison : Mme Pigalle femme jeune et spirituelle aimait le monde, les visites, et la situation de son mari lui créait de nombreuses et belles relations. Courier, échappé de Toulouse, tomba précisément au milieu des bals, des mascarades, et des parties galantes ; car l'on était à l'époque du carnaval. Jeté au milieu de ce tourbillon, lui qui n'avait pas vu Paris depuis près de trois ans, il ne pouvait plus s'y reconnaître. « J'ai vécu, écrivait-il à Dalayrac, depuis douze ou quinze jours que je suis arrivé, dans un monde dont on ne peut se faire une idée, à moins de l'avoir vu. Tout est changé. Je ne reconnais rien. Après tout, je me suis amusé. » Tels étaient les enchantements et les prestiges de Paris sous le Directoire, à l'heure où la France, victorieuse des vieilles monarchies, venait de signer le traité de Campo-Formio.

Le jeune officier avait pu aisément faire régulari-

---

d'aventures galantes. Elle les détruisit, sauf une seule, où Courier remerciait son ami de l'hospitalité qui lui avait été offerte en 1797 à Lestar, près de Cordes.

ser sa situation. On lui avait accordé un congé de 2 mois. Lorsque cette permission fut expirée, il dut s'arracher aux séductions d'une vie de fêtes et se rendre à Rennes pour y remplir les fonctions de chef d'état-major de l'artillerie de l'aile gauche d'une armée que l'on destinait à une descente en Angleterre. Il prit fort au sérieux ses nouvelles occupations, car, quoique indépendant, il n'avait point encore pris en dégoût son métier : il espérait si bien participer à un débarquement sur les côtes de l'Irlande insurgée, qu'il se mit consciencieusement à apprendre l'anglais. Mais comment mener à bien cette entreprise militaire? « Ce que nous pouvons par mer est peu de chose, écrit-il à son ami Dalayrac. La mer est inondée d'Anglais. Il y a pourtant eu des vaisseaux qui ont fait ce périlleux voyage pour porter aux insurgés de quoi se faire pendre. »

Comme distraction il reprit ses études grecques, trop oubliées depuis quelques mois, et se mit à ébaucher un *Éloge d'Hélène* d'après Isocrate.

Sur ces entrefaites, il est envoyé à l'armée de Rome, où Berthier, sur l'ordre du Directoire, venait d'entrer sans coup férir et de proclamer la République.

A peine instituée la jeune république des bords du Tibre avait été attaquée par les Napolitains, dont la reine Marie-Christine, sœur de Marie-Antoinette, nourrissait la haine la plus violente contre la France et le parti jacobin. Mais Championnet venait d'écraser l'armée du roi des Deux-Siciles ; et, après une courte et brillante campagne, il rentrait victorieux dans Rome, à l'heure où Courier lui-même allait y arriver (décembre 1798). Le général Eblé, qui commandait l'artillerie de Championnet, se plaignait du dénuement où était tombée cette arme ; il avait demandé un capitaine pour diriger la fabrication des boulets et obus et « assujettir la réception de ces fournitures aux formalités usitées en France[1] ». Ce service convenant parfaitement à Courier, qui s'en était acquitté à Toulouse et dans le Tarn, il en fut encore chargé. Il reconnaît lui-même que c'était une douce sinécure, qui lui assurait la conservation de sa bonne santé.

D'ailleurs l'alerte napolitaine étant passée, la vie allait reprendre à Rome, aussi calme que du temps de la domination papale. Tandis que les moines et le petit peuple du *Trastevere* résistent à l'influence française, tandis que la misère, la famine, menacent la durée de ce gouvernement improvisé, tandis que l'émeute même gronde aux portes de la ville, la

---

1. Archives d'Etat de la piazza Firenze de Rome. C'est dans ce dépôt que nous avons puisé tous les documents inédits dont nous nous sommes servi pour raconter l'occupation française de 1798-1799. Cf. « La Jeunesse de P.-L, Courier », pages 94, seq.

société officielle cherche à s'étourdir par des fêtes qui se succèdent sans interruption. Compromises avec le gouvernement jacobin, quelques grandes familles romaines, comme les Doria et les Borghese, y coudoient les gens du Consulat et les parvenus français auxquels elles donnent le ton. Elles font cause commune avec tous ces spoliateurs de l'État, se montrant ainsi, suivant le mot de Courier, « assez ennemies de leur propre pays pour nous aider à le déchirer, et se jeter sur les lambeaux que nous leur abandonnons. » Parmi les Français qui vivaient à Rome, nul ne sut mieux voir, comprendre et dépeindre cette étrange société que notre officier d'artillerie, qui, dans une célèbre lettre adressée à Chlewaski, en a tracé un tableau à la fois éloquent et humoristique.

Il ne cache pas son mépris pour ce monde d'intrigants qu'il trouve « trop dégoûtant » à peindre en ridicule : pourtant il se lia avec quelques femmes célèbres par leur beauté ou leur esprit, comme la princesse de Santa-Croce et la duchesse de Lante[1].

Au reste, il profita des loisirs que lui laissaient ses fonctions pour visiter bibliothèques et musées.

---

1. Il devait entretenir soigneusement ses relations avec cette dernière, qui, vingt-cinq ans plus tard, causait de Courier avec son ami Stendhal.

Il découvrit la science des inscriptions qui lui fut révélée par le docte abbé Marini, autrefois garde des Archives de la Chambre apostolique. Mais, au milieu de février, ses nouvelles études et ses délicieuses flâneries parmi les ruines furent subitement troublées par une désagréable mission qui le rappela, pour quelques jours, aux réalités de son métier de soldat.

La ville de Cività-Vecchia, insurgée contre le gouvernement de la république romaine depuis l'époque de l'invasion napolitaine, avait refusé de se soumettre à l'autorité des consuls rétablis par Championnet. Il fallut employer la force. Le 13 pluviôse, le général Merlin chargé de réduire la place fait part aux consuls de l'état de rébellion où elle s'obstine. « Ils se gardent militairement, dit-il, ils sont bien armés, ils ont ouvert les prisons des forçats qui, par leur grand nombre, se sont rendus maîtres de cette ville et qui ne veulent entendre aucune proposition de paix [1]. » Et il ajoute que, manquant de tout, il se verra forcé « d'abandonner une place qui a plus de moyens pour se défendre » qu'il n'en a pour l'attaquer. Merlin vint à Rome activer l'envoi

---

1. Merlin demandait en conséquence 180 échelles, 100 haches, 200 pelles, 200 pioches et un quintal de corde. Il eut beaucoup de peine à obtenir de l'incurie du Consulat ces accessoires indispensables. *Archivio,* 40.

des renforts dont il avait besoin. Il put ainsi emmener à Cività-Vecchia toute l'artillerie disponible, le 17 février 1799 : Courier faisait partie de cette expédition.

Arrivé au camp français, à cause de la connaissance assez parfaite qu'il avait acquise, en deux mois, de la langue italienne, il fut désigné pour aller faire aux insurgés une dernière sommation. Un officier de dragons et un trompette l'accompagnaient. Les trois hommes à cheval étaient arrivés à peu de distance de la porte lorsque Paul-Louis « s'aperçut qu'un rouleau de louis qu'il portait dans la poche de son habit y avait fait trou et ne s'y trouvait plus. Il mit pied à terre pour le chercher, et, après quelques perquisitions inutiles, il allait remonter à cheval pour rejoindre ses compagnons, lorsqu'il entendit le bruit d'une décharge de fusils et vit bientôt accourir à lui le trompette tout seul : l'officier avait été tué. Il se consola bientôt d'une perte à laquelle peut-être il devait la conservation de sa vie ». Cette anecdote vraie ou fausse a été racontée par Courier lui-même ; elle se trouve dans une des notices destinées à relier entre elles les *Lettres écrites de France et d'Italie*.

Or, si elle a le mérite d'expliquer la cause à laquelle il dut la vie sauve, elle laisse planer un doute dans notre esprit : n'eut-il pas recours à un ingénieux stratagème pour se dispenser d'approcher à portée des coups de fusil ? Un brave, un Marbot, eût-il, dans un pareil moment, quitté ses compagnons pour chercher son argent ? Si la perte est vraie, la conduite de Courier n'est pas sans reproche : or, l'on peut craindre que cette perte même ne soit qu'une feinte.

On sait que, dans la nuit du 3 au 4 mars, le général Merlin lança deux colonnes à l'assaut de la ville. Mais, si l'attaque fut vive, la résistance se fit acharnée et toutes les tentatives d'escalade furent repoussées. Courier ne semble pas avoir pris part à cette affaire où l'artillerie n'eut à jouer qu'un faible rôle. Enfin le peuple de Cività-Vecchia, craignant de ne pouvoir résister à un nouvel assaut, consentit le 7 mars à capituler. Merlin poursuivit ensuite ses avantages sur les révoltés et les brigands en dirigeant une expédition sur Tolfa. Ce village fut enlevé de vive force : officiers et soldats y déployèrent une rare vaillance ; mais parmi ceux dont le général fait l'éloge à Macdonald [1] et aux consuls on ne trouve point Courier, soit qu'il fût déjà rentré dans Rome, soit qu'on l'eût laissé à Cività-Vecchia, avec ses canons.

Au retour de cette expédition, où il avait joué un rôle si effacé, il se mit à composer un éloge de Buf-

---

1. Devenu général en chef, en remplacement de Championnet.

fon, sujet proposé par l'Institut de France. Cet essai, d'un style raide et souvent emphatique, n'a rien qui fasse prévoir le talent littéraire de Courier, rien surtout qui annonce sa manière. Il semble étrange qu'il écrive encore de ce style de débutant lorsqu'il avait déjà rédigé sa belle lettre sur Rome à Chlewaski[1].

Cependant la situation de la république romaine était devenue critique. L'armée française rappelée au nord de l'Italie pour tenir tête aux Autrichiens, il ne resta plus à Rome que quelques troupes qui, sous le général Garnier, se défendirent avec énergie contre les insurgés et les brigands pendant plus de quatre mois. Enfin, aux termes d'un capitulation offerte au général français par le commodore Troubridge qui croisait devant Cività-Vecchia, la garnison dut sortir avec les honneurs de la guerre, puis être embarquée, et ramenée à Marseille sur des vaisseaux anglais, sans toutefois être considérée comme prisonnière. Le 30 septembre, l'armée napolitaine faisait son entrée dans Rome. Pendant ce temps, Courier indifférent aux événements s'était enfermé dans la bibliothèque du Vatican. Il n'en sortit qu'à

---

1. Ce contraste nous prouve que cette lettre à Chlewaski, telle qu'elle est publiée, a subi des retouches assez importantes lorsque Courier revisa ses lettres en vue de la publication. Voir notre étude sur l'authenticité des lettres de Courier. *Revue d'Hist. littéraire de la France.* avril-juin 1912.

la nuit, lorsque les Français s'étaient déjà retirés dans le château Saint-Ange. Il fut reconnu : « on cria sur lui au *Giaccobino*, et un misérable lui tira un coup de fusil. La balle ne le toucha pas ; mais, ricochant contre la muraille, elle alla frapper une femme qui marchait à quelque distance en avant. Les cris de celle-ci firent une espéce de diversion, dont il profita pour prendre la fuite et se réfugier dans son logement qui était peu éloigné. » Il y passa la nuit et le lendemain son hôte, un vieux seigneur nommé Chiaramonte, « le fit monter dans sa propre voiture et le conduisit au château Saint-Ange ».

Bien qu'il soit impossible de contrôler ce récit, emprunté aux notes des Lettres inédites, il faut avouer qu'il offre assez de vraisemblance. Cependant Courier ne donnait pas tous ces détails, et il racontait autrement son aventure, lorsque, cinq ans plus tard, le colonel Griois fut son commensal au palais Mandelli à Plaisance.

D'après la version que nous venons de rapporter, Paul-Louis aurait été victime de son étourderie puisqu'il oublia l'heure à laquelle les Français devaient avoir évacué la ville. Au contraire, Griois raconte qu'il se vantait d'être resté volontairement à Rome, au milieu des bandes ennemies qui l'occupaient, afin d'y continuer ses travaux. Ainsi, il n'y aurait pas eu de sa part imprudence mais désertion.

Ce qu'on sait du caractère de Courier, de son insouciance à l'égard de tout devoir militaire, autorise
à croire qu'il eût été bien aise de vivre à Rome à sa
guise après le départ de son armée. Toutefois il ne
put donner suite à ce projet, et les dangers auxquels
il se vit exposé l'obligèrent bientôt à se rendre au
château Saint-Ange où les Français s'étaient retirés.
On voit par là qu'il est possible de concilier les
deux récits et de les corroborer l'un par l'autre.

Malgré sa bizarre tentative de désertion au profit
des études littéraires, Courier fut embarqué à Cività-
Vecchia avec le reste de la garnison française, et
conduit au port de Marseille, où il entra le 27 octobre 1799.

Il revenait en France si malade qu'à Marseille
même il dut se faire donner un congé de trois mois :
il était atteint d'un crachement de sang qui mit sa
vie en danger. Malgré cela, il put regagner Paris
par la diligence ; il sollicita alors une prolongation
de sa permission. Lorsqu'enfin elle expira, il se fit
employer à la suite de la direction d'artillerie comme
prisonnier de guerre des Autrichiens. Il aurait certes eu le droit de porter les armes, car la capitulation
signée par le général Garnier stipule formellement
que les troupes embarquées à Cività-Vecchia « ne
seront pas prisonnières de guerre et seront transpor-
tées en France ou en Corse » avec faculté de recom-

mencer à combattre. Rentrés à Marseille, le général et beaucoup de ses officiers reprirent immédiatement du service actif. Courier au contraire, à l'expiration de son long congé, fit valoir qu'il était prisonnier des Autrichiens, ce qui ne prouve pas un ardent patriotisme. Au point de vue militaire, il n'a aucune excuse : mais nous devons remarquer qu'il prenait ce prétexte pour pouvoir continuer à Paris de solides études grecques sous la direction de D'Ansse de Villoison.

En effet, ces longs mois de liberté lui servirent à développer sa science du grec. Il se lia dès lors avec des savants qui apprécièrent et encouragèrent ses travaux. Son médecin, le Dr Bosquillon, était en outre professeur de langue et de philosophie grecque au Collège de France. C'est par lui que Courier fut présenté à divers hellénistes notamment à Villoison, qui venait d'ouvrir un cours libre dans une des salles de la Bibliothèque nationale. Dès que l'officier convalescent put quitter sa chambre, il suivit ces intéressantes leçons et se lia intimement avec le professeur dont la découverte des scholies homériques faisait un homme illustre. A son tour, Villoison l'introduisit dans le petit cénacle des hellénistes en renom : c'est ainsi qu'il fit la connaissance de Boissonade, de Sainte-Croix et de Clavier, alors juge à la Cour de justice criminelle de la Seine.

Une amitié durable l'unit bientôt à ce dernier, dont il partagea les travaux et dont il devait plus tard épouser la fille aînée.

Grâce à ces relations si honorables pour un débutant, notre jeune officier menait ainsi, au temps du Consulat, l'existence agréable et paisible d'un homme de lettres ou d'un philologue. Il semblait avoir déjà déposé le « harnois » militaire, et n'avait nul souvenir d'avoir été soldat.

Pourtant le général Gassendi, chef de la division d'artillerie au ministère de la guerre, ne le perdait pas de vue ; et lorsqu'il eut épuisé tous les moyens de se maintenir à Paris, fait agir tous ses protecteurs, lassé toutes les bonnes volontés, force lui fut de reprendre du service actif.

Mais au moment précis où Gassendi allait bon gré mal gré l'expédier à son régiment (le 7e d'artillerie où il n'avait jamais cessé de compter), un événement imprévu l'obligea à partir pour la Touraine. Il était appelé à la Véronique, où sa bonne mère « terminait ses jours ; et il eut la douleur de lui fermer les yeux ».

Depuis la mort de son mari, Mme Courier avait mené une vie bien retirée dans sa closerie des bords de la Loire ; elle avait continué à y faire régner la stricte économie préconisée par le vieux « bourgeois de Paris ». Elle avait eu pour seules joies de courtes visites de son fils, auquel elle enseigna une parcimonie rigide et cette entente des choses rurales qui devait plus tard guider le vigneron de la Chavonnière. Elle s'éteignit le 11 vendémiaire an X, à l'âge de soixante-cinq ans ; son fils ressentit certainement une grande douleur de la perte qu'il venait de faire. Plus de vingt ans après, il en souffrait, affirme-t-il, comme au premier jour, et il mandait à une dame de ses amies : « Dans le lieu même où je vous écris, tout me rappelle encore une mère que j'ai vue trop peu. »

Toutefois des occupations urgentes l'empêchèrent de donner libre cours à sa douleur ; sa mère venait de décéder à l'époque même où l'on commence les vendanges. Force fut à Courier d'embaucher des journaliers, hommes et femmes, et de surveiller la cueillette du raisin, qui est en Touraine la plus importante des opérations agricoles. C'est au milieu de ces soins champêtres que nous le surprenons, écrivant à Clavier « sur un tonneau » et entouré de ses « vendangeuses un peu crottées » qu'il appelle en raillant « ses bacchantes ». Le vin fait et tiré, il restait à notre vigneron improvisé à vendre sa récolte. Il voulait aussi se débarrasser de ses domaines, dont la gestion devenait importune à un officier décidé à courir le monde en quête d'aventures. Mais il ne put trouver acquéreur pour la Véronique que deux ans plus tard. Quant à sa Filonnière, propriété voisine de Luynes, il dut, faute d'acheteurs, la conserver jusqu'en 1824.

En attendant, des ordres impérieux l'obligeaient à rejoindre à Strasbourg le 7ᵉ d'artillerie, dont il vivait éloigné depuis la fin de juin 1795, c'est-à-dire depuis plus de six ans !

Quelques années plus tôt, un jeune officier passionné pour les Muses grecques avait tenu garnison dans cette même capitale de l'Alsace. C'était André Chénier. Ce souvenir échappa sans doute à Paul-Louis qui ne dut pas connaître les tentatives de Chénier pour introduire dans notre poésie une inspiration à la fois grecque et antique. Mais l'élève de Villoison éprouva certainement les mêmes ivresses qu'André Chénier en fouillant les bibliothèques de cette docte ville, qui se trouvait en contact avec la patrie des grands philologues, c'est-à-dire avec la sérieuse et savante Allemagne du xviiiᵉ siècle. A Strasbourg même, vivaient d'illustres érudits : Brunck célèbre par ses éditions d'Anacréon, d'Aristophane et de Sophocle, Kock, Oberlin et Schweighaeuser. Courier se lia intimement avec ces deux derniers.

Oberlin, auquel il était recommandé très chaudement par Villoison, se fit un devoir de l'aider dans ses études avec une complaisance infatigable.

Conservateur de la bibliothèque de Strasbourg, il lui prêta les ouvrages savants et rares que notre helléniste n'avait encore pu se procurer. Il devait hélas, avec son étourderie habituelle, emporter, en quittant Strasbourg, plusieurs des volumes qu'on lui avait confiés, et Oberlin eut beau le harceler plus tard de ses réclamations, le dictionnaire gréco-latin de Scapula, entre autres, resta entre ses mains jusqu'à sa mort et figure sur le catalogue des livres qu'on retrouva à la Chavonnière après son assassinat.

Quant à Schweighaeuser, il devint aussi l'ami de Courier dont il aurait pu être le père. Le jeune officier s'intéressa à la publication de son *Athénée,* édition savante confiée à la fameuse imprimerie Bipontine, qui était établie à Strasbourg. Il se chargea d'en rendre compte dans le *Magasin encyclopédique,* la grande revue érudite de l'époque, que rédigeait Millin ; c'était la première fois qu'il se voyait imprimé : il en éprouva de la joie et en conçut quelque orgueil. Il déploie d'ailleurs dans ces pages une érudition aussi étendue que solide, qui lui valut d'être classé désormais parmi les hellénistes.

D'ailleurs, il put recueillir sans retard les félicitations des lettrés parisiens avec lesquels il s'était lié, car il se trouvait à Paris au moment où parut le cahier du *Magasin encyclopédique* qui contenait son travail. Après un séjour à Strasbourg de neuf mois seulement, il partait en congé de semestre. Ce lui fut une occasion fort agréable de revoir ses amis intimes, parmi lesquels il commençait à ranger une femme de lettres spirituelle et charmante, Constance-Marie de Théis, qui venait de divorcer d'avec son premier mari Pipelet de Leury, pour s'unir à un prince étranger M. de Salm-Dyck, dont le château était sur les bords de la Roër. Pour plaire à cette femme, aussi belle que cultivée, Courier se promit de lui dédier quelque ouvrage, afin de lui consacrer les prémices de son talent.

Après avoir passé quelques jours à Paris, il alla donc s'installer, en septembre 1802, à la Véronique, pour y trouver le calme et l'inspiration qu'il cherchait. Prenant alors pour guides ses chers poètes grecs, si goûtés de la princesse, il se mit à conter pour elle les tribulations de Ménélas se rendant à Troie, où il va reconquérir son épouse la belle Hélène. Hélène fait penser naturellement à Mme de Salm; le beau Pâris, c'est son nouveau mari, le prince lointain; le docte Pipelet de Leury, membre de l'Académie de Chirurgie, est assimilé sans aucun doute au triste Ménélas.

Au cours de descriptions poétiques, pleines de réminiscences classiques, se déroule un récit malicieux où Courier sait évoquer avec grâce les situa-

tions les plus scabreuses et peindre des scènes éro-
tiques dignes de l'Anthologie. Pourquoi faut-il qu'il
se soit interrompu avant la fin et qu'il ait laissé
refroidir son inspiration, qu'il ne parvint pas à retrouver? L'ouvrage resta inachevé et Courier ne l'offrit
point à la dame qui l'avait inspiré. A défaut d'une
œuvre originale, il entreprit alors de traduire, à son
intention, *l'Éloge d'Hélène,* tour de force déjà essayé
pendant son séjour à Rennes. Il connut de nouveau
toutes les difficultés de la traduction d'Isocrate, qui
l'avaient rebuté, et pour mieux soutenir son courage
il songea qu'il travaillait pour son amie. Par esprit
de corps, cette jolie femme ne pouvait être indiffé-
rente à Hélène « la plus célèbre des belles ». Courier
écrivant pour elle se comparait aux preux cheva-
liers soutenus, au milieu des plus rudes épreuves,
par la pensée d'une dame à laquelle ils voulaient
plaire.

A vrai dire, cet *Éloge d'Hélène* est moins une traduction d'Isocrate qu'une imitation très libre. Parmi
les morceaux où la fantaisie de l'écrivain s'est donné
carrière le plus librement, il faut signaler ce que
nous appellerons le roman de Thésée, c'est-à-dire
une page où ce héros mythique, présenté comme
le type du souverain libéral et constitutionnel, est
clairement offert en modèle au Premier Consul.
Bonaparte est invité, dans cet écrit, à se contenter

d'être « le chef d'une nation libre plutôt que le maître d'un troupeau d'esclaves[1] ». Ainsi, comme l'immense majorité de ses contemporains, en 1802 Paul-Louis se faisait encore illusion sur les ambitions du vainqueur de Marengo ; ce qui le prouve, c'est la surprise qu'il exprima, un peu plus tard, en apprenant que « le premier capitaine du monde » aspirait à « descendre » et à « se faire sire ».

L'*Éloge d'Hélène* est le premier ouvrage publié par Courier ; imprimé à Paris chez Cramer, en mars 1803, il forme une plaquette in-8 de 41 pages, qui est devenue très rare.

Aussitôt qu'il eut vu paraître son livre, le jeune auteur, félicité par ses amis, revint à la Véronique, qu'il allait habiter encore quelques jours, mais qui déjà ne lui appartenait plus. En effet, il venait de céder à un boulanger de Luynes la vieille maison paternelle, où s'étaient écoulées les années les plus charmantes de son enfance, mais où il avait connu aussi ses premières douleurs, puisque son père et sa mère y étaient morts.

Son congé de semestre expiré, il le fit renouveler.

1. Ce qui prouve bien l'importance que Courier attachait à ses réflexions sur le gouvernement d'Athènes, pris comme type du gouvernement qu'il voudrait voir régner en France, c'est cette phrase d'une lettre à Schweighæuser : « Si l'épisode de Thésée est sans intérêt aujourd'hui, j'ai manqué mon but. »

Enfin, après avoir réglé toutes ses affaires, achevé ses vendanges, publié son opuscule, vendu sa propriété, il dut, au mois d'août 1803, partir pour Douai, où sa compagnie avait été envoyée. Il ne resta que deux mois dans cette ville : d'ailleurs il eut le plaisir d'y retrouver ses cousins les Pigalle. Son intimité avec sa charmante cousine fut encore resserrée par les relations qu'il entretint alors avec cette femme d'esprit, rieuse et enjouée, à laquelle il adressera désormais ses lettres les plus piquantes.

Mais l'ambition avait fini par s'emparer de Courier qui simple capitaine voyait tant de ses camarades s'élever aux plus hauts grades. Son dépit s'exprime dans un pamphlet qu'il composa cette année même, mais qu'il garda prudemment en portefeuille. Nous voulons parler des *Conseils à un Colonel*. Ce petit écrit, dont l'actualité, qui éclate partout, fait le mérite, n'est pas adressé à un personnage fictif, mais à un collègue qui l'avait effectivement consulté sur sa carrière, et qui était « venu de bien loin pour cela ».

Courier s'y déclare choqué de l'ineptie des favoris que le Premier Consul fait avancer sans discrétion comme sans mesure ; il déclare que les officiers que l'on sacrifie sont précisément ceux dont le mérite fait ombrage au dictateur ; et il en cite plusieurs.

D'ailleurs, il a moins à cœur de venger le mérite

méconnu de quelques hommes d'élite que de railler ceux qui ont été choisis par Bonaparte pour occuper les premières places de l'armée. Il insinue même que si le maître emploie « son galon et sa broderie à couvrir une si grossière incapacité », plus malheureux encore doivent être ses choix dans les autres parties de l'administration qu'il connaît moins que l'artillerie son arme d'origine.

Ainsi Courier, dès 1803, s'essaye dans le genre de la satire d'une manière pour ainsi dire inconsciente. Ce sont les premiers crayons du pamphlétaire. L'impression générale qui se dégage, c'est que, dès cette époque, il est aussi anti-bonapartiste que possible. Contrairement aux gens de sa profession, dont l'enthousiasme pour le Petit caporal ne connut point de bornes, il le juge avec une sévérité déjà haineuse et injuste. Le grand homme a dit que les talents mènent à tout. « Mais il devait ajouter, observe Courier, pourvu qu'on trouve à épouser la vieille maîtresse d'un homme en place et une occasion de tirer le canon dans les rues de la capitale. Car sans cela où ses talents le menaient-ils ? »

C'est avec la même désinvolture et la même ironie que sont jugés ceux qui ont eu part à l'élévation de Bonaparte : Berthier, Duroc et quelques autres, dont le 18 brumaire a fait des « Dieux mortels ». Mais, coïncidence piquante, au moment même où il déblatérait dans son écrit contre les grands du jour, favoris tout-puissants du maître, il s'adressait à quelques-uns d'entre eux pour obtenir enfin de l'avancement. Deux de ses anciens camarades s'employaient en effet en sa faveur, Marmont et Duroc, ce même Duroc auquel il ne reconnaît que le mérite de bien savoir « courir la poste ». Courier dut à leur complaisance d'être enfin nommé chef d'escadron à la date du 6 brumaire an XII. Il fallait partir sans délai pour rejoindre à Plaisance le 1er régiment d'artillerie à cheval. Ainsi, Paul-Louis allait avoir la joie de revoir l'Italie, qu'il n'avait quittée qu'à son corps défendant après la capitulation du général Garnier. Mais, fidèle à ses habitudes, lorsqu'il fut en possession de son brevet il ne se pressa nullement de se rendre à son poste. Il n'y arriva que le 21 février 1804, quatre mois après sa nomination.

CHAPITRE III

COURIER EN ITALIE

COURIER A PLAISANCE ET A L'ARMÉE DE NAPLES. — EXPÉDITION
DE CALABRE. — LES AVENTURES DRAMATIQUES.

PLAISANCE, sous-préfecture du département du Taro, avait comme garnison, outre le 1er d'artillerie à cheval, auquel appartenait Courier, le 2e régiment à pied. Le colonel de Courier était d'Anthouard, qui joignait à des qualités militaires de premier ordre de la finesse, du savoir-faire et de l'esprit.

Il existait une profonde rivalité entre lui et son collègue Demanelle, le colonel du 2e d'artillerie à pied. Or Paul-Louis, accueilli à bras ouverts par Demanelle, qui avait été son condisciple à Châlons, logé près de lui au palais Mandelli, devint bientôt l'ami intime, l'inséparable du jeune colonel. Ils avaient pour commensal un autre officier, le major Griois, qui nous a laissé, dans ses Mémoires, de curieux renseignements sur la garnison de Plaisance.

Cet observateur assez impartial nous peint Courier tel que nous le connaissions déjà, c'est-à-dire inégal, bizarre, tantôt enjoué et spirituel, tantôt sombre et amer. A la table commune du palais Mandelli, nul ne brillait plus que lui. Lorsqu'il était de bonne humeur, sa conversation était « une suite de saillies spirituelles et piquantes ». Mais souvent des reparties pleines de sarcasmes et d'ironie « rendaient méconnaissable l'homme que l'on avait trouvé si aimable la veille ». « L'originalité de son esprit, nous dit encore Griois, se retrouvait dans ses goûts, ses habitudes, ses manières, et peut-être en affectait-il davantage qu'il n'en avait réellement. Sa mise, quelquefois trop recherchée, était ordinairement plus que négligée et allait jusqu'à la malpropreté, et sa chambre présentait le spectacle du plus sale désordre. Quelques bottes de paille répandues sur le plancher et une couverture étaient son lit ordinaire. »

Ne soyons pas trop surpris de cette simplicité toute spartiate des goûts et des habitudes de Courier. Rappelons-nous avec quelle sévérité il fut élevé par un père avare, qui ne lui laissa jamais prendre le goût du luxe, ni même du confort qu'aurait permis sa situation de fortune. Revoyons un instant cet intérieur si modeste de la Véronique, avec sa « chambre en roc », où la famille prenait ses repas. Au sortir de cette austère enfance, jeté au milieu des

camps, il a contracté des goûts simples et des
mœurs rudes. Au fond, c'était pourtant un voluptueux : mais les voluptés qu'il recherchait étaient
surtout d'ordre intellectuel : le plaisir des livres, le
charme de la rêverie, de la nature, l'amusante conversation des femmes. Quant au confortable des
meubles, des habits, des appartements, toujours il
en a fait fi. Et, pour un soldat, nous ne voyons que
des avantages à savoir se passer d'un lit et à dormir
sur « quelques bottes de paille ». Mais sur ce point,
comme sur beaucoup d'autres, il était en désaccord
avec ses camarades, qui s'efforçaient de jouir, pendant la paix, du plus grand bien-être, du luxe et de
tous les raffinements dont ils savaient trop qu'ils
seraient privés dès l'entrée en campagne.

Courier, mauvais courtisan, déplut au colonel
d'Anthouard, qui prit ombrage des relations trop
intimes qu'il entretenait avec son rival le colonel
Demanelle. Il eut en outre avec son chef des difficultés à propos du service. Courier ne montra aucun
empressement à s'initier aux manœuvres de cavalerie, dont la théorie ne put, dit l'adjudant-major
Noël, lui entrer dans la tête[1]. Il avait d'ailleurs des
préjugés contre l'artillerie à cheval, récemment or-
ganisée, qu'il regardait comme une arme bâtarde.

---

1. *Souvenirs militaires d'un officier du Premier Empire.*

Singulière étroitesse de vue chez un homme d'esprit !
Les événements se sont chargés de mettre en lumière
son erreur et de lui donner tort : dans les guerres
de Napoléon, et depuis, l'artillerie est allée se rap-
prochant de plus en plus de la cavalerie ; son action
est devenue plus décisive en étant plus rapide.

Quoique fort bon cavalier, Courier afficha la pré-
tention de se contenter pour ses exercices d'équitation, des chevaux du régiment. D'Anthouard le
sommant « d'acheter au moins un cheval », il s'y
refusa ; personne ne douta que ce ne fût l'effet
« d'une économie qui allait jusqu'à l'avarice [1] ». On
comprend dès lors que le colonel ait conçu et gardé
de son subordonné une impression peu favorable.

C'est à Plaisance que se passa la scène célèbre
que Courier a racontée dans une lettre bien connue.
Un matin du mois de mai, d'Anthouard assembla
les officiers de son régiment et, « sans préambule
ni péroraison », leur demanda, suivant les ordres
qu'il avait reçus, s'ils désiraient un empereur ou la
république. On sait le silence général gardé par
l'assemblée, la courageuse déclaration du lieutenant
Maire osant se prononcer contre la dictature, l'embarras de tous, enfin l'ingénieuse boutade de Courier mettant un terme à cette situation pénible par

2. *Mémoires de Griois*, publiés par Chuquet.

ces mots : « Messieurs, il me semble, sauf correction, que ceci ne nous regarde pas. La nation veut un empereur, est-ce à nous d'en délibérer ? »

L'adjudant-major Noël, qui assistait à cette scène, porte témoignage qu'il en a, dans sa lettre, rendu la physionomie exacte.

Pas plus que le lieutenant Maire, Paul-Louis n'avait de goût pour le despotisme : à partir de cette époque, il ne cessa de railler, secrètement il est vrai, les nouvelles institutions, la nouvelle noblesse, les façons du jour et la personne même de ce soldat de génie qui, selon le mot de Lamartine, « ne s'était retrempé dans la Révolution que pour y puiser la force de la détruire ». Mais l'idée ne lui vint pas un seul instant de quitter le service parce que Bonaparte s'était proclamé empereur. Il avait bien fait les rudes campagnes du Rhin et de la Moselle sous la république qu'il n'aimait guère. Il continuera à servir, sans aimer le régime, sans se priver de le critiquer dans l'intimité ; et il saura profiter des avantages de la livrée militaire, qui va lui permettre de promener sa flânerie intelligente à travers l'Italie en armes et les Calabres insurgées.

D'ailleurs il ne tarda pas à recevoir sa part des faveurs prodiguées à l'armée, par le nouveau régime, dans le but de la gagner ou de la séduire. Le maréchal Jourdan, qui commandait l'armée d'Italie, vint

65

à Plaisance et attacha sur la poitrine de Courier la croix de la Légion d'honneur. Trop sceptique pour montrer de la joie, ce ne fut pas toutefois sans une satisfaction secrète qu'il la reçut.

Quelques semaines plus tard, il quittait Plaisance pour se rendre à Tarente, où son régiment détachait deux compagnies ; il devait en prendre le commandement. Il acheta alors trois excellents chevaux qui lui coûtèrent, dit Griois, un prix considérable, et voyageant à petites journées, il fit, escorté d'un seul domestique militaire, la plus belle promenade que puisse rêver l'imagination d'un artiste.

Parme fut la première étape de ce charmant voyage. La bibliothèque de l'Académie, située dans le palais ducal, ne pouvait manquer de retenir Courier qui cherchait des manuscrits grecs de Xénophon, dont il se proposait dès lors de traduire le traité de la cavalerie et de l'équitation. Il lui fallait en outre, pour son commentaire, parcourir une foule d'ouvrages relatifs à l'armée grecque : il put donc amasser à Parme une partie des matériaux dont il avait besoin pour son travail.

Au bout de deux semaines, il se remit en route, et par Reggio, Modène et Bologne parvint, le 19 octobre 1804, à Giulia-Nuova, premier village du royaume de Naples ; là seulement, notre rêveur s'aperçut qu'il avait oublié à Parme une caisse de livres dont il se faisait suivre et qui lui était indispensable pour ses recherches érudites.

Pour ravoir ses livres, il s'adressa au fils de l'administrateur général des États de Parme et de Plaisance Moreau de Saint-Méry, avec lequel il s'était lié, pendant son séjour à Parme ; ce jeune étourdi ne se souciant guère d'emballer lui-même des ouvrages fit porter la caisse au bibliothécaire de l'Académie, le savant Pezzana, en le priant de charger de l'expédition un de ses employés.

A peine les livres furent-ils sous les yeux du *custode* que, parmi eux, il reconnut quelques ouvrages appartenant au dépôt dont il avait la surveillance. Averti de cette étrange découverte, Pezzana vint constater par lui-même que « dans le colis destiné au commandant se trouvaient le célèbre Horace en deux volumes ornés de gravures par Pine, un livre grec assez rare, dont on avait arraché la marque de la bibliothèque, et un troisième volume dont le titre importe peu. »

Le bibliothécaire en référa aussitôt à l'administrateur général, qui prescrivit de retenir les ouvrages appartenant à la bibliothèque de Parme et d'expédier les autres à Courier. On évita soigneusement d'ébruiter cette triste affaire [1].

1. Ce fâcheux incident, absolument inconnu jusqu'à nous, a été raconté par Pezzana lui-même dans une lettre qu'il

La seule excuse que l'on puisse trouver à Paul-Louis c'est qu'il pouvait, lui soldat, se considérer comme vivant en pays conquis. Dès lors, son acte change un peu de caractère ; c'est un pillage plutôt qu'un vol. On sait que l'exemple lui venait de haut. Nos généraux avaient dépouillé l'Italie de ses chefs-d'œuvre : les chevaux de bronze de Saint-Marc étaient à Paris ; toute la cité de Florence demeurait consternée du rapt de la Vénus de Médicis, qu'on avait transportée au Louvre. Les membres du Directoire avaient même voulu transporter la colonne Trajane sur les bords de la Seine ; ils ne reculèrent que devant les difficultés de l'exécution.

Bref, Courier eut si peu le sentiment de ses torts et de la honte qui l'atteindrait si son indélicatesse venait à être divulguée, qu'il continua son voyage d'un cœur léger, s'arrêtant partout où sa fantaisie, son goût de l'érudition ou son amour des arts pouvaient le retenir.

Il pénétra enfin dans ce malheureux royaume de Naples, qui lui apparut, dès le premier jour, tel qu'il allait le décrire pendant les trois années qu'il le parcourut, c'est-à-dire livré aux fureurs d'une

adressa, en 1810, à son collègue de Florence le fameux del Furia, qui avait à se plaindre de son côté de Courier auteur de la tache d'encre sur un précieux manuscrit de Longus. Voir, pour plus de détails la *Jeunesse de P.-L. Courier,* pages 196, seq.

populace illettrée, superstitieuse et féroce, qui terrorisait les honnêtes gens.

Toute la société intelligente et cultivée était libérale, et formait le parti favorable aux Français, qu'on appelait le parti jacobin. Au contraire, toute la canaille, et elle abonde dans ces montagnes, tous les paysans calabrais qui, aux époques troublées, ne se distinguent guère des brigands de grands chemins, toute cette tourbe, que venaient grossir de nombreux forçats, échappés du bagne, constituait le parti du Roi et de la Reine Caroline.

Ces indignes souverains, méprisés de leurs sujets pour leur despotisme, leurs mensonges et leur lâcheté, se maintenaient encore à Naples, grâce à l'appui de la flotte anglaise, grâce aussi à la fidélité d'une populace fanatisée par les moines ; mais ils étaient en exécration à tout ce qu'il y avait de sain et d'éclairé dans le royaume.

En arrivant à Barletta, où était le quartier général de l'armée de Naples, Courier trouva sa nomination de chef d'état-major de l'artillerie. Ces fonctions le rapprochaient du général en chef Gouvion-Saint-Cyr, un des hommes les plus éminents de l'armée française, à la fois fin lettré et savant militaire, qui sut apprécier tout de suite la rare distinction d'esprit de notre officier et sa supériorité intellectuelle. Il le traita en ami et flatta ainsi la vanité de l'érudit dont les occupations littéraires avaient été, jusqu'à ce jour, peu goûtées des chefs sous lesquels il avait servi.

C'est l'époque la plus heureuse de sa vie militaire. Il croit avoir de bonnes raisons d'espérer un bel et prompt avancement; aussi, bien que l'idée de quitter son métier ait parfois germé déjà dans son cerveau, il préfère rester au service. Toutes ses lettres expriment la satisfaction qu'il ressent. Écrivant à son vieil et cher ami Dalayrac, qu'il n'avait pas revu depuis son départ précipité de Toulouse, il apprécie son sort présent en ces termes : « Je m'abandonne à la fortune, content qu'elle ne me mette jamais trop haut ni trop bas. Ma position actuelle n'est pas désagréable, je suis bien payé, peu occupé. Je ne désire rien de mieux. » Il ajoute, avec une philosophie souriante et spirituelle : « La peste règne aux environs. Mais je suis si sec que je la défie de trouver prise sur moi. Les Italiens jaloux nous poignardent quelquefois, mais je suis trop laid pour leur faire ombrage. Les brigands nous dépouillent, mais je prends de justes mesures pour n'avoir jamais d'argent[1]. »

---

1. Cette lettre à Dalayrac, qui est du 24 mars 1805, ne figure pas dans l'édition Sautelet au recueil des « Lettres inédites ». Elle est donc fort peu connue ; c'est pourquoi nous n'avons pas craint de prolonger la citation.

En dehors des avantages matériels, dont il parle dans cette lettre, la principale cause de satisfaction vient pour Courier des agréments du pays qu'il habite et où il a tout à souhait, l'art, l'antique, la nature. Quel plaisir pour un lettré comme lui que de parcourir à pied ou à cheval, toujours en flânant, des contrées où à chaque pas s'éveillent en vous des souvenirs classiques. Sa passion pour les inscriptions et les autres vestiges du passé était heureusement servie par ses fonctions de chef d'état-major qui lui permettaient de visiter des villes comme Brindes, Tarente, Gallipoli, Canosa, où l'on ne pouvait fouiller que l'on ne déterrât des tombeaux, des vases bien conservés. Tel était l'avantage du « harnais » qu'il portait au cours d'excursions que l'on doit regarder comme de véritables promenades archéologiques[1].

Quelques mois après son arrivée à Barletta, Courier fut invité, le 10 ventôse an XIII, à fournir un état de ses services. Il s'en acquitta tant bien que mal, comme le prouve la pièce que nous publions ci-après et que nous avons retrouvée, dans son dossier, aux archives administratives du ministère de la guerre.

1. « Je dois à ces courses des observations, des connaissances, des idées que je n'eusse jamais acquises autrement », à Chlewaski. — « Ici, j'étudie mieux que je n'ai jamais fait et du matin au soir », à D'Ansse de Villoison.

Services successifs de M. Courier (Louis-Paul), chef d'escadron au 1er régiment d'artillerie à cheval, né à Paris, département de la Seine, le 4 janvier 1773 (sic).

GRADES	CORPS	DATES des PROMOTIONS	DURÉE DES SERVICES dans chaque grade			ANNÉES	ARMÉES	CAMPAGNES GÉNÉRAUX EN CHEF	ACTIONS D'ÉCLAT
			ans	mois	jours				
Élève sous-lieutenant.	École de Châlons.	6 oct. 1792.		7	24	1793 et an II.	Moselle.	Schawbourg, août 1793, vend. an II. Hoche, brum.-vent. an II. René Moreaux.	
Lieutenant en 2e.	7e régiment d'artillerie à pied.	1er juin 1793.	2	»	2		Du Rhin devant Mayence.	Moreau, prair.-mess. an II. Kléber, fin de l'an II. Pichegru, commencement de l'an III.	
»		»		»		»			
Capitaine en 2e.	7e régiment d'artillerie à pied.	11 messidor an III.	6	10	»	VI.	D'Angleterre sur les côtes de Bretagne. D'Italie contre Naples.	» Championnet, pluv. an VII. Macdonald, vent. an VII.	
Capitaine en 1er.	—	11 flor. an X.	1	4	20	VI.	»	»	
Chef d'escadron.	1er régiment d'artillerie à cheval.	1er vendém. an XII.	1	5	10	XII.	Naples.	Gouvion-Saint-Cyr, germ. à therm. an XIII.	
Observations	Cet officier n'ayant conservé aucun papier ne peut marquer les dates précises de ses services à l'armée.							Barletta, 10 vent. an XIII, Courier.	

La petite armée de 15 000 hommes qui, sous Gouvion-Saint-Cyr, occupait la Pouille fut, en vertu d'une convention signée par Napoléon avec le roi de Naples, rappelée en octobre 1805, et dirigée vers la Haute-Italie. Elle eut mission de bloquer la ville de Venise où s'étaient enfermés les Autrichiens commandés par le général Bellegarde.

Jamais partie de plaisir ne fut plus gaie pour Courier que cette expédition : il accompagnait le général d'artillerie Salvat, qui ne se séparait pas d'une belle Vénitienne rencontrée à Ancône. Grâce à sa connaissance de l'italien, le chef d'escadron fut bientôt l'intime ami de cette gracieuse créature, auprès de laquelle il goûtait, entre autres amusements, le plaisir d'échanger mille propos fous, à bâtons rompus, dans une langue qui le ravissait.

Cependant la petite armée de Saint-Cyr allait se trouver prise entre deux feux par l'arrivée inopinée d'une division autrichienne qui descendait du Tyrol sous les ordres du prince de Rohan. Mais le chef éminent qui commandait l'armée française, se retournant contre cet assaillant, parvint, grâce à la précision de ses manœuvres, à l'écraser et à l'anéantir en quelques heures de combat. Le succès de la journée, dite de Castelfrancò, était dû en partie à l'artillerie qui sut heureusement disposer ses batteries sur une élévation d'où elle balaya la route suivie par les Autrichiens. Tout semble prouver que, dans cette bataille, le rôle de Courier fut honorable, soit qu'il ait inspiré cette disposition, soit qu'il ait bravement coopéré à l'exécution du plan d'autrui. Parmi tant de braves gens qui firent courageusement leur devoir, il avait le sentiment de n'être point demeuré en arrière, et il pouvait le lendemain écrire avec un peu de forfanterie, mais sans crainte d'être démenti, qu'il avait de la gloire plein sa poche.

Après la victoire d'Austerlitz, qui suivit de peu ces événements, Napoléon déclara par décret que « la dynastie des Bourbons de Naples avait cessé de régner », et il donna la couronne vacante à son frère Joseph, qu'il envoya à Naples avec 45 000 hommes et Masséna pour les commander. Courier fut attaché au corps de Reynier qui fit partie de cette armée. Le commandant en chef de l'artillerie était Dulauloy, dont dépendait Paul-Louis ; il eut la chance de se lier avec ce général, spirituel et joyeux vivant, au point que cette amitié prit le caractère de la camaraderie la plus familière. C'était à cette époque un aimable compagnon de plaisir que Paul-Louis ; sa verve cynique lui avait valu une réputation spéciale dans l'armée ; on conçoit dès lors que, malgré la différence du grade, un général viveur et grand coureur de femmes ait pris comme confident intime celui qui passait pour si expert en bonnes fortunes.

En réalité, Dulauloy et Courier firent surtout à Naples des conquêtes amoureuses.

Après une triomphale entrée dans Naples, le corps de Reynier fut chargé de poursuivre en Calabre les derniers défenseurs de la cause du roi Ferdinand. Ce prince pusillanime s'était réfugié en Sicile, grâce à un vaisseau anglais.

Courier avait demandé à faire partie de cette expédition de Calabre, dont personne autour de lui ne se souciait : c'est que l'imprévu, les aventures, la beauté du pays le tentaient. La personne même du général Reynier lui était sympathique ; c'était un homme simple, encore modeste, qui traitait son subordonné en frère d'armes, suivant la coutume des armées républicaines. Or Paul-Louis, issu d'une famille très indépendante à l'égard des grands, abhorrait cette étiquette nouvelle, inconnue des Hoche et des Desaix, que le régime impérial commençait à faire régner dans l'armée. Il ne prenait goût au service que sous des chefs bienveillants et courtois ; il haïssait chez les généraux la morgue insolente des façons nouvelles, et par-dessus tout le type soudard lui était odieux. Il s'attacha donc à Reynier, qui lui parut « bon homme » et disposé à le traiter « non en protecteur mais en ami ».

D'ailleurs les premières opérations de cette armée furent couronnées par le succès ; le 6 mars, Courier, tout fier de ses lauriers de Castelfranco, eut encore la joie d'assister à la déroute des Napolitains à Campo-Tenese : le soir de ce jour mémorable, il griffonne, au milieu d'un village dévasté, un véritable bulletin de victoire, tandis que près de lui le général Reynier rédige consciencieusement le compte rendu de la bataille. Et ce qui est remarquable, c'est que la description pittoresque de Paul-Louis est absolument conforme au récit d'un autre témoin, le major Griois, qui avait assisté à cette affaire. Voici comment il décrit le village de Morano, où campaient vainqueurs et vaincus : « C'était sur ce point que l'ennemi avait fait sa retraite et beaucoup de soldats y étaient restés. Ils se trouvaient pêle-mêle avec les nôtres. Des officiers de l'artillerie napolitaine étaient dans la maison où je m'établis... Il y eut pendant toute la nuit un tapage horrible ; les militaires enfonçaient les portes des habitants qui refusaient de les recevoir. » Rappelons-nous maintenant la page devenue classique de Courier : « On pille fort dans la ville et l'on massacre un peu. Je pillerais aussi, parbleu, si je savais qu'il y eût quelque part à manger... Nous sommes dans une maison pillée ; deux cadavres nus à la porte, sur l'escalier, je ne sais quoi ressemblant assez à un mort. Dans la chambre même, avec nous, une femme violée, à ce qu'elle dit, qui crie, mais qui n'en mourra pas, voilà le cabinet du général Reynier ; le feu à la maison voisine, pas un meuble dans celle-ci, pas un morceau de pain. Que mangerons-nous ? Cette idée me trouble. »

La voie ainsi frayée, on put à travers les Calabres frémissantes, s'avancer sans encombre jusqu'à Reggio sur le détroit de Messine. Ravi de cette belle marche militaire, Courier s'extasiait de voir un royaume si « lestement conquis ». « Nous triomphons en courant, écrivait-il, et ne nous sommes encore arrêtés qu'ici où terre nous a manqué. » En apercevant la Sicile au delà du détroit, « comme des Tuileries on voit le faubourg Saint-Germain », il ajoutait : « c'est bien, je vous assure, la plus jolie conquête qu'on puisse jamais faire en se promenant. »

Mais l'enthousiasme du touriste allait prendre fin, au moment précis où pour l'officier commençaient les corvées, les missions dangereuses, les périls de toute sorte à travers un pays insurgé.

Pour mettre la Calabre à l'abri d'une attaque des Anglais, il fallait armer les côtes : n'ayant point d'artillerie de forteresse, Reynier, d'accord avec le roi Joseph qui venait de rejoindre l'armée, décida d'en faire prendre à Tarente. Courier, qui connaissait Tarente depuis son séjour dans la Pouille en 1805, se vit charger de cette mission difficile. Accom-

pagné du capitaine Monval et de quatre canonniers,
il se rendit par terre à Crotone, où il s'embarqua
sur une felouque chargée d'oranges. Cette traversée
manqua lui coûter la vie. « En effet, à l'entrée de
la nuit, nous dit-il, le vent du nord-ouest s'élevant excita une furieuse tempête ; les oranges
furent jetées à la mer ; le patron, qui avec un seul
matelot formait tout l'équipage, pleurait et se recom-
mandait à la madone, tandis que les Français, tour-
mentés par le mal de mer, étaient comme indifférents au péril qui les menaçait. Enfin, vers la pointe
du jour, le vent les jeta sur la côte, près de Gallipoli. »

De là, l'auteur de ce récit gagna Tarente par
terre, et se mit en devoir de « remplir sa commission ». Mais, soit par sa faute, soit par la force des
circonstances, l'opération traîna en longueur, si
bien que les Anglais prévenus eurent le temps d'envoyer des vaisseaux dans le golfe de Tarente afin
d'intercepter les convois d'artillerie que Courier
avait fait partir. Quelques-uns toutefois arrivèrent
sans encombre à Crotone et, grâce à ces canons, Reynier put armer quelques places.

Dans la nuit du 10 au 11 juin, Paul-Louis, accompagné de Monval et de ses artilleurs, s'embarqua à
son tour sur une polaque qui portait un dernier
chargement de douze gros canons. Il espérait trom-

per la surveillance des Anglais. Par malheur, quand le jour se leva, l'embarcation fut aperçue par un brick qui lui donna la chasse et ne tarda point à la gagner de vitesse. Courier, « se voyant alors dans l'impossibilité de sauver le bâtiment, ordonna au capitaine de faire ses dispositions pour le couler, et se jeta dans la chaloupe avec l'équipage. Mais l'effet ne répondit pas à son attente ; et, avant de gagner la terre, il eut le déplaisir de voir les Anglais s'emparer du navire abandonné. »

Intelligence nette, cœur froid, Courier prit vite son parti de ce qu'il crut ne pouvoir éviter. Certes, on n'était plus, en cette année 1806, à l'époque héroïque du vaisseau *le Vengeur* ; pourtant plus d'un camarade de notre artilleur eût préféré la mort à la fuite.

Échappés au péril des Anglais, nos malheureux Français qui avaient débarqué en face de Corigliano, tombèrent aux mains des bandits Calabrais dont la contrée était infestée. Ils furent désarmés et dépouillés non seulement de leur argent mais de leurs vêtements. Tandis que ces brigands hésitaient sur le choix du supplice qu'ils feraient subir à leurs prisonniers, Courier sauva la situation grâce à sa connaissance parfaite de la langue italienne. Il improvisa une sorte de harangue qui surprit et amusa les Calabrais. Bref, il gagna du temps. Bien lui en prit, car le syndic de Corigliano survint sur ces entrefaites avec quelques hommes. La prudence, à défaut de l'humanité, conseillait à cet administrateur de sauver la vie des prisonniers. Il eut donc recours à la ruse, et parvint à se faire remettre Courier et ses compagnons. Il les enferma dans un cachot, « mais, dès la nuit suivante, il les fit sortir et leur donna un guide qui, par des chemins de traverse, les conduisit à Cosenza, où il y avait garnison française ».

Après quelques jours de repos dans cette ville, où un camarade lui donna des habits et lui emplit « une valise de beaux et bons effets », Courier dut rejoindre, avec ses compagnons, le quartier général de Reynier, établi à Monte-Leone. Arrivé sur les hauteurs de Nicastro, au milieu du massif montagneux de la Sila[1], il fit encore rencontre des brigands. Cette fois, les Français bien montés purent forcer le passage ; mais ils perdirent trois des leurs[2]. Après tant d'épreuves le chef d'escadron se présentait le 21 juin devant son général.

Il trouva entièrement changées les dispositions de Reynier à son égard. Le succès, les éloges et les

---

1. L'ancienne *silva Sila*, chantée par Virgile.
2. Ils étaient sept hommes au départ de Cosenza, le général Verdier ayant donné à Courier et à ses artilleurs une faible escorte de quatre soldats.

caresses du roi Joseph l'avaient grisé ; et ce « petit zéphyr de fortune » avait suffi pour lui tourner la tête.

Il accueillit fort mal le pauvre Courier : « Ah ! ah ! s'écria-t-il, c'est donc vous qui faites prendre nos canons ! » Étourdi par cette apostrophe, Paul-Louis ne sut que répondre. Mais enfin, l'usage de la parole lui revenant « avec la rage », il épancha sa bile et dit tout ce qu'il avait sur le cœur. Après une discussion violente, la conclusion du général fut que le chef d'escadron repartirait sans délai afin de ramener de Tarente de nouvelles pièces de canon. La commission était belle ! Il lui fallait donc traverser encore une fois un pays insurgé, où il venait d'échapper à la mort comme par miracle. Ah ! certes la servitude militaire dut alors paraître bien cruelle à ce rêveur, à ce lettré égaré parmi des soldats, au milieu des corvées et des épreuves de « la plus vilaine de toutes les guerres ».

Après quelques heures de repos, Courier dut se remettre en route pour obéir à son général. Au moment de partir, il résumait ainsi, dans une lettre à un ami, sa dernière aventure : « J'arrive de Tarente et j'y retourne ; bonheur ou malheur je ne sais lequel. »

Quel étrange pressentiment lui faisait écrire cette phrase ? En réalité, c'était, pour un officier soucieux d'échapper à la mort, une chance inouïe que de quitter l'armée au moment précis où elle allait être écrasée par les Anglais.

Dix jours après le départ de Courier, l'amiral Smith, maître de la mer, effectuait un débarquement dans le golfe de Santa-Eufemia. Reynier, de plus en plus grisé par de faciles succès sur les Calabrais, venait étourdiment offrir la bataille aux Anglais solidement retranchés et couverts par le feu de leurs vaisseaux ; et en quelques minutes, l'armée française était anéantie. Ses misérables restes fuyaient vers les côtes de la mer Ionienne, traqués partout par des bandits bien armés et bons tireurs dont la victoire des Anglais avait décuplé l'audace. Suivis pas à pas par les paysans insurgés, les nôtres voyaient massacrer sous leurs yeux les blessés, les malades, « tous ceux que le sommeil, la fatigue, l'inanition forçaient à rester en arrière ». Les munitions nous manquaient ; « enfin nos soldats se révoltèrent et tirèrent sur leurs officiers. L'habitude du pillage, unique moyen de subsister, avait détruit toute discipline [1] ».

Ainsi harcelé par des nuées de montagnards, Reynier était perdu si Masséna n'eût conduit, en personne, au secours de son lieutenant un corps de

---

1. Courier, Lettre inédite à Sainte-Croix, publiée dans la *Jeunesse de P.-L. Courier*.

six mille hommes. C'est quelques jours avant l'arrivée de Masséna que Courier, dont la mission à Tarente devenait sans objet, rejoignit les débris de son armée, dont il put constater le piteux état. Ses camarades lui firent alors le récit de leurs souffrances et des « atrocités » qu'ils avaient tour à tour subies et commises.

Quelle belle occasion pour lui d'essayer sa plume ! Il crut alors avoir trouvé le sujet, qu'il cherchait depuis longtemps, d'une narration à la manière de Xénophon racontant l'expédition des Dix-Mille. Il avait songé d'abord à « faire quelque chose comme le Jugurtha de Salluste, et mieux », en narrant l'expédition d'Égypte. Puis il avait abandonné, faute de loisirs, un si vaste projet, et s'était réduit à faire l'épreuve de son talent descriptif dans de courtes narrations sous forme de lettres adressées à ses amis. Déjà, à l'époque de son premier séjour en Italie, il avait adressé à Chlewaski une sorte de journal de l'occupation de Rome par les Français. De Reggio, une aimable parisienne reçut le plus joli cahier qui se pût rédiger sur la Calabre aux mains des soldats de Reynier, avec l'esquisse des scènes qui s'y passaient. Ces essais nous montrent Courier en possession d'un cadre un peu plus large que la lettre proprement dite, où il pourra placer des tableaux plus étendus et plus fouillés.

Après avoir interrogé les survivants du désastre
de Santa-Eufemia, il entreprit donc de conter les
douloureuses péripéties du combat et de la retraite
et il en fit un nouveau journal adressé à Sainte-Croix,
c'est-à-dire à l'un des savants dont l'amitié l'honorait le plus.

En expédiant ce cahier, l'auteur eut soin d'en garder une copie, comptant bien la publier plus tard.
Mais ce qu'il publia est très différent du texte adressé
à Sainte-Croix, pour cette raison que Courier re-
visant sa lettre en 1824, en vue de l'impression, ne
put y laisser subsister ni l'éloge des Anglais, qui
nous avaient battus, ni la satire de nos généraux de
l'Empire, ce qui eût comblé d'aise les royalistes[1].

L'éloge des Anglais composé par un officier français, au temps du blocus continental, voilà certes
un morceau qui étonne! Presque seul parmi ses
compatriotes, Courier échappe à des préjugés haineux contre « la perfide Albion ». Aussi, quand
même une pointe d'esprit paradoxal contribuerait à
son impartialité, il faudrait le louer d'avoir évité les
passions ambiantes et touché juste.

Par contre, on peut lui reprocher de se montrer

---

1. Voir une étude approfondie de cette lettre et des motifs
qui ont obligé Courier à la retoucher. dans notre travail intitulé : De l'authenticité des lettres de Courier. *Revue d'Histoire
littéraire*, avril-juin 1912.

trop sévère pour notre nation. Soit bizarrerie d'esprit, soit tendance naturelle à être plus choqué des
excès des Français que de ceux de l'ennemi, il se
trouve aux antipodes des historiens militaires toujours portés à faire pencher la balance du côté de
leurs compatriotes. Notons donc que notre futur
pamphlétaire tombe déjà dans un travers français,
qui depuis s'est accentué singulièrement et qui
s'appelle le besoin de se critiquer soi-même.

Une fois secourue par Masséna, l'armée dut reconquérir les Calabres que lui avait fait perdre la défaite de Santa-Eufemia. A la tête d'une petite troupe
sans artillerie, qu'il compare à une bande de « pan-
dours », Courier fut détaché de différents côtés.
Un jour, il faillit encore être enlevé par les brigands
à Ajello. Le canonnier d'ordonnance qui l'accompagnait fut tué, et il perdit, avec son cheval et son
porte-manteau, ce qu'il appelait son « bréviaire »,
c'est-à-dire cette fameuse Iliade de Turnèbe, qui
était un souvenir de l'abbé Barthélemy.

Au milieu de ces vicissitudes, il mène une vie
gaie, toujours prêt à rire de ses malheurs. Il se con-
sole même de la perte de son Homère, car sa célèbre lamentation sur ce sujet est, ne l'oublions pas,
un prétexte à développement littéraire. Tant de
bonne humeur pourrait surprendre ; mais il nous
prévient que pour trouver de bons moments « parmi

toutes ces diableries » il faut avoir le don de ne
point réfléchir, don qu'il a reçu du Ciel. Pourquoi
se tourmenter d'ailleurs, pourquoi songer aux maux
de demain alors que la vie matérielle s'offre aujour-
d'hui si copieuse, lorsqu'on trouve au fond de la
Calabre bon souper, bon gîte et le reste ?

Enfin ses rapports avec le général Reynier étaient
redevenus fort cordiaux, sa disgrâce n'ayant duré
que « ce que durent les roses ». Courier, sans rancune, pardonne vite à ce chef malheureux la dureté
et la hauteur qu'il lui avait montrées à son retour
de Tarente. Sa belle passion « se rallume et joint le
malheureux Sosie au malheureux Amphitryon ».

Malgré la satisfaction qu'il exprime dans plusieurs de ses lettres, nous le voyons tenter des démarches pour quitter la Calabre. Il s'adresse à son
camarade Leduc, employé à Paris, qui par sa situation se trouvait à même d'approcher quelques-uns
des généraux du ministère de la Guerre : il lui
demande de s'entremettre pour le faire appeler à
l'armée d'Allemagne. Un grand découragement
perce dans cette lettre : « Si cette campagne-ci (celle
d'Iéna) se fait encore sans moi, comme celle d'Austerlitz, où diable veux-tu que j'attrape de l'avancement ? »

Ainsi, pas plus qu'un Marbot, il n'échappe à
l'obsession de l'avancement, lui qui pourtant avait

déclaré ne vouloir pas « vieillir dans les honneurs obscurs de quelque légion ».

Mais ses démarches furent inutiles : les officiers de Calabre ayant été battus se trouvaient systématiquement écartés de toute faveur : tel était le principe de Napoléon. « Mes camarades qui n'ont pas bougé de Naples ont eu tous de l'avancement... Nous, on nous a rossés ; pouvions-nous ne pas l'être? C'est ce qu'on n'examine point. »

Tout ce que put obtenir notre chef d'escadron, ce fut de passer à Naples. Dans cette grande et belle capitale, il se hâta de reprendre ses études littéraires. Il se lia avec quelques érudits ; il eut même l'art de s'introduire dans un cercle de personnes aimables et lettrées, que présidait, pour ainsi dire, don Francesco Daniele. Cet érudit, que le nouveau roi de Naples avait distingué et qu'il nomma secrétaire perpétuel de l'académie d'histoire et d'antiquités, était surtout versé dans la connaissance du grec. Il avait composé une préface à la traduction italienne de *Daphnis et Chloé* par Annibal Caro pour la luxueuse réimpression qui en fut donnée par Bodoni à Parme en 1786[1] ; il connaissait donc à fond un des ouvrages de prédilection de Courier, celui auquel il allait attacher son nom.

---

1. Edition in-4°, tirée à 56 exemplaires seulement.

Un autre érudit, l'abbé Andrès, lui ouvrit la riche bibliothèque du marquis Tacconi; malheureusement, il dut bientôt quitter Naples pour Foggia, où il allait surveiller une levée de mulets pour le service de l'artillerie. Triste mission pour un homme qui aimait la société et qui à Naples, au milieu de ses nouveaux amis, s'était cru « en paradis ». Il se consola en leur écrivant des lettres plaisantes et enjouées, où il traitait d'ânes les bourgeois ignorants de Foggia : « Je viens ici chercher des mulets, mais je ne vois que des ânes[1]. »

Malheureusement, il s'acquitta avec beaucoup de négligence de la tâche qu'on lui avait confiée et la lenteur de ses opérations indisposa contre lui le général Dedon, qui avait succédé à Dulauloy dans le commandement de l'artillerie. Durement réprimandé dès son retour à Naples, il se révolta, se défendit avec trop de vivacité. Ses emportements eurent leur sanction naturelle : il fut mis aux arrêts de rigueur. Alors, au mépris de toute discipline, il écrivit à Dedon une lettre violente qui se termine par cette menace : « Je saurai rendre la lâcheté de votre conduite aussi publique dans cette affaire qu'elle l'a déjà été ailleurs[2]. » Il fit plus encore : par ses soins,

---

1. *Qui vengo a cercar muli, ma son tutti asini.*

2. Il n'était bruit, dans l'armée, que de la lâcheté dont le général Dedon avait fait montre au siège de Gaëte.

vingt copies de cette diatribe furent distribuées dans l'armée.

Paul-Louis s'est toujours comporté dans le service comme un enfant gâté : du jour où il ne trouve plus dans son chef un protecteur et un ami, comme l'avaient été pour lui Gouvion-Saint-Cyr et Reynier, l'enfant gâté devient un enfant terrible. Mais, quels que soient ses torts, nous devons reconnaître la bassesse du caractère de Dedon qui, effrayé des menaces de son subordonné, préféra capituler : « il me tient bloqué et me demande la paix », écrit le prisonnier.

Libéré des arrêts, Courier sollicita de nouveau son envoi en Allemagne ; en attendant l'effet de sa demande, il opéra tranquillement sa rentrée dans la bibliothèque du marquis Tacconi. Cette fois, il était décidé à profiter des livres qui étaient à sa disposition pour mettre la dernière main à sa traduction des deux traités de Xénophon sur la cavalerie[1]. Lorsqu'il eut à peu près terminé ce travail, où il ajoute aux préceptes de l'écrivain grec l'autorité de son expérience personnelle, et où il peut expliquer en soldat beaucoup de choses à des savants, il se réfugia au pied du Vésuve, dans la charmante

---

1. Le traité de la *Cavalerie et de l'Equitation* dont la dédicace à M. de Sainte-Croix est datée de novembre 1807, ne fut publié qu'en 1813 à Paris, chez Eberhart.

retraite de Résina, pour y fuir les chaleurs de la canicule. C'est dans ce beau site qu'à la veille de quitter pour toujours le royaume de Naples, il compose, sous forme de lettre à Mme Pigalle, sa cousine, le conte célèbre qui commence par ces mots : « Un jour je voyageais en Calabre ; c'est un pays de méchantes gens... » Ce petit chef-d'œuvre, le plus connu et le plus populaire des opuscules de Courier, est inspiré d'un récit de la Reine de Navarre : *deux cordeliers trop curieux d'écouter eurent si belles affres qu'ils en cuidèrent mourir.* Mais la comparaison qu'on en peut faire est tout à l'honneur du conteur moderne. Combien son aventure de Calabre est plus dramatique que l'histoire des deux pauvres moines de l'Heptaméron ! combien le cadre est plus attachant et plus réel ! Courier dépasse de beaucoup son modèle ; on peut dire qu'il imite à la façon de La Fontaine reprenant les fables de Phèdre pour en faire de petits chefs-d'œuvre.

Au milieu de ces studieux loisirs, le temps passe pour notre officier ; depuis quatre mois déjà, l'ordre lui était venu d'aller joindre son régiment à Vérone. Il n'en avait point tenu compte, absorbé tout entier par sa traduction de Xénophon et par ses autres travaux littéraires ; mais enfin, au début de décembre 1807, il fallut partir. Il perdit encore

quinze jours à Rome où il retrouvait, groupé autour
d'une femme de lettres éminente Marianna Dionigi,
un petit cénacle analogue à celui qui lui avait permis à Naples de passer de si bons moments. Il revit
d'Agincourt, monsignor Marini, et un helléniste
mercenaire et famélique, nommé Amati, qui avait
collationné pour lui divers manuscrits de Xénophon.
Surtout il goûta auprès de Mme Dionigi le charme
de l'amitié, la seule forme de tendresse dont ce
cœur sceptique fût capable. Point n'était à craindre
d'ailleurs que cet attachement ne se changeât en
un sentiment plus tendre : c'était une passion
d'ordre littéraire, pour ainsi dire. Les lettres de
cette femme d'esprit le ravissaient ; quant à sa
conversation, il brûlait tellement d'en jouir, qu'éloigné d'elle il ne cessait de faire des projets pour
aller rejoindre son amie. « J'irai vous voir, lui
écrira-t-il bientôt, non pas seulement cet hiver,
mais tous les hivers. C'était là mon ancien projet,
mon plus beau château en Espagne, et le plus
cher de mes rêves, que rien ne m'empêche aujour-
d'hui de réaliser. »

Son amour pour Rome s'augmentait d'ailleurs de
tout l'intérêt que lui inspiraient Mme Dionigi et sa
fille, la charmante Henriette, poétesse et membre
de l'Académie des Arcades, qui a peut-être inspiré
à Mme de Staël son personnage de Corinne.

PAUL-LOUIS COURIER

On conçoit qu'il ait eu vraiment de la peine à s'arracher à des liaisons si douces pour rejoindre son poste. Mais il fallait partir ou démissionner. Il dut boucler sa malle et s'évader de Rome comme on sort d'un rêve délicieux.

CHAPITRE IV

L'AFFAIRE DE LA TACHE D'ENCRE

POURSUIVANT sa route vers Vérone, Paul-Louis
arriva le 15 décembre à Florence. C'était la
première fois qu'il s'arrêtait dans la capitale de la
Toscane ; le froid était vif. Souvent, à cette époque
de l'année, la ville est balayée par un vent glacé
qui tombe de l'Apennin. Habitué depuis trois hivers
au climat de Naples, de la Pouille et des Calabres,
Courier fut si péniblement impressionné que, renonçant à visiter Florence, il courut s'enfermer à la
bibliothèque de San-Lorenzo, installée dans le cloître voisin de l'église du même nom.

Il se trouva alors en présence d'un petit homme
trapu, court d'encolure et assez disgracieux de tournure, qu'enlaidissaient encore de gros yeux myo-
pes. C'était Francesco del Furia, le préfet de la

Laurentienne. Courier avait pour lui des lettres de recommandation de monsignor Marini et de l'abbé Andrès ; il les présenta et reçut du bibliothécaire un excellent accueil : il put compulser à son aise divers manuscrits de Xénophon, aller et venir librement au milieu des antiques et vénérables bouquins.

Bientôt il se lia davantage avec le petit homme aux yeux proéminents et au cou court, qui se piquait d'être helléniste, et qui travaillait à une édition des Fables d'Ésope d'après un manuscrit conservé chez les moines de l'Abbaye de Florence. Le gouvernement français, qui prenait possession de la Toscane, se disposait à faire ouvrir aux érudits et aux savants la bibliothèque de ces religieux. Mais elle demeurait encore à peu près inaccessible : del Furia et un savant suédois Akerblad, que Courier avait déjà rencontré à Paris, parvinrent à l'y introduire. En une heure, il y vit « de quoi ravir en extase tous les hellénistes du monde ». Mais, parmi tant de manuscrits rares, il remarqua le petit volume in-octavo où del Furia déchiffrait le texte attribué à Ésope. L'écriture très fine, décolorée par le temps, semblait illisible. Pourtant, en l'examinant de près, Courier y découvrit, parmi beaucoup d'autres matières, les quatre livres de *Daphnis et Chloé* du sophiste Longus, et crut s'apercevoir que la lacune, signalée par les savants au premier livre, n'existait pas dans ce manuscrit plus ancien que tous ceux qu'on avait compulsés jusqu'à ce jour.

C'était une précieuse découverte que venait de faire Courier. Par un trait de prudence qui le caractérise, il s'abstint de la révéler à del Furia qui aurait pu, après le départ de l'officier, s'en approprier le mérite. Obligé pour l'instant de rejoindre son poste, il se promit dès lors de revenir plus tard et de tirer parti de sa trouvaille.

Dès les premiers jours de janvier 1808, il quitta Florence sans avoir pu visiter les chefs-d'œuvre du musée des *Uffizi*; il gagna Milan, où il s'employa en démarches et en visites pour atténuer l'effet de sa conduite irrégulière ; car on l'attendait à Vérone depuis près de six mois, et, malgré son indolence naturelle, il commençait à concevoir de vagues appréhensions. Il avait déjà essayé, par des lettres adressées au ministère de la guerre, de justifier son inexcusable retard. A Milan, on lui réitère l'ordre de se rendre à Vérone. Mais, comme pour mettre le comble à sa faute, il trouve moyen de s'arrêter à Brescia et d'y perdre encore quinze jours, sous prétexte qu'il y a retrouvé son meilleur ami, le chef de bataillon Haxo de retour d'une longue mission en Turquie.

En arrivant à Vérone à la fin de janvier, Courier trouva un ordre du ministre de la guerre qui prescri-

vait de le mettre aux arrêts et de retenir une partie
de ses appointements. Cette mesure de rigueur était
suffisamment justifiée par sa fugue de près de six
mois. L'officier puni fut d'ailleurs accueilli et traité
« on ne peut pas mieux » par Faure de Gière qui
commandait l'artillerie à Vérone. Il eut la liberté
d'aller et de venir, de faire des promenades aux
environs.

Au bout d'un mois de cette vie fort douce et fort
désœuvrée, il fut envoyé à Livourne avec le titre
de sous-directeur d'artillerie. Il dépendit désormais
du général d'Arancey qui, commandant l'artillerie
en Toscane, résidait à Florence.

Dans cette ville mercantile de Livourne, « la
plus indocte de l'Italie, et où l'on n'entend parler
que de lettres de change et de marchandises colo-
niales », le pauvre Courier, privé du commerce des
muses, dut se résigner, pendant toute une année, à
vivre en se consacrant aux devoirs ingrats de sa
profession. Découragé, il considérait ses fonctions
comme « inutiles », et il se plaint à son général de
ce qu'on le tient dans ce poste « à compter de
vieux boulets rouillés ». Sa vie était monotone et
ses distractions manquaient de variété : « Pour vous
dire ce que je fais ici, je mange, je bois, je dors,
je me baigne tous les jours dans la mer, je me pro-
mène quand il fait beau. »

La seule joie de notre officier était de pouvoir s'échapper pour faire de courtes fugues à Florence, où l'attiraient tant de précieux manuscrits grecs conservés soit à la Laurentienne soit dans les bibliothèques des couvents. Il entretenait des relations fort cordiales avec del Furia, qui faisait collationner pour lui sous sa direction des manuscrits de Sophocle et de Plutarque. Courier, reconnaissant des services rendus et alléché par l'espoir d'en obtenir d'autres, comblait de flatteries *l'eruditissimo bibliotecario* qui lui donnait tant de marques de son amitié.

Il s'était lié plus intimement encore avec Akerblad dont le rapprochaient des goûts communs : l'amitié qui unit dès lors les deux hellénistes devint indissoluble et résista aux épreuves que leur réservait la vie. Le savant suédois était un de ces jouisseurs intelligents qui savent mettre l'étude et l'érudition la plus austère au nombre de leurs plaisirs. Cet homme qui, presque seul dans son temps, déchiffrait l'écriture cursive copte et qui lisait Platon et Sophocle dans des manuscrits du xe siècle, était au demeurant d'une telle paresse qu'il lui arrivait de passer au lit une partie de ses journées, caché « dans le duvet jusqu'au nez ». Sa passion fort matérielle pour les blondes Florentines, dont le culte le retenait aux rives de l'Arno, ne faisait nul tort à son amour du grec.

Plusieurs fois, il invita Courier à venir visiter des manuscrits rares : stimulé par lui, Paul-Louis fit même une démarche auprès des membres de la Junte de Toscane pour obtenir que tous les manuscrits des moines de l'Abbaye fussent transportés à la bibliothèque Laurentienne. Mais, rappelé d'urgence à Livourne, notre officier ne put procéder lui-même à la recherche, ordonnée par la Junte, de ces précieux trésors de parchemin. Elle demeura confiée à del Furia et à Puccini, directeur de la galerie de Florence, qui, par faiblesse, s'en acquittèrent fort mal. La négligence qu'ils apportèrent à cette enquête fut un premier grief de Courier contre ces deux fonctionnaires italiens qu'il devait bientôt cribler de ses épigrammes au cours de ses démêlés avec eux dans la retentissante affaire de la Tache d'encre.

Il avait en vain sollicité un congé pour rentrer en France, où ses intérêts périclitaient par suite de sa longue absence. Battu de ce côté, il se rattacha à l'espoir de faire la campagne d'Espagne qui se préparait : c'était un moyen détourné de revoir, ne fût-ce qu'en passant, « la fumée de sa chaumière ». Mais on lui refuse encore cette satisfaction. Dès lors, son parti est pris de quitter son « vilain métier ». Il en fait part à d'Agincourt, le meilleur ami qu'il eût en Italie, auquel il écrit : « Si Dieu ne change mes résolutions je mettrai bientôt mon armure au croc. Je sais à présent ce que c'est que la guerre et les guerriers; je m'en vais, et dis comme Athalie: J'ai voulu voir, j'ai vu. »

Sur ces entrefaites, sans avoir vu exaucer aucune de ses demandes, il est envoyé à Milan. Il s'y rend docilement, avec l'espoir d'y obtenir enfin le congé sollicité depuis un an. Éconduit encore une fois, il réalise enfin le projet dont il avait fait part à d'Agincourt: il « régale de sa démission » le ministre de la guerre.

Libre il l'était dès lors « à peu près comme un cheval qui a rompu son lien ». Rien ne l'empêchait plus de courir en France où « le diable s'était mis dans ses affaires ». Toutefois, il dut attendre « que la neige fût un peu fondue sur les Alpes ». Il mit à profit ces quelques jours de loisir pour flâner dans Milan, visiter les musées et jouir de la société de son ami Lamberti, conservateur du palais et de la bibliothèque de Brera. Il goûta fort les réunions d'hommes instruits auxquelles présidait ce lettré italien, bon helléniste, qui se faisait, comme notre Malherbe, le tyran des mots et des syllabes, et s'efforçait d'épurer la langue italienne au risque de l'appauvrir.

Courier, qui brille par le style plutôt que par l'imagination, Courier, classique avant tout, se sentait une certaine parenté littéraire avec Lamberti et

son école, qui faisait profession de défendre la tradition contre les novateurs, et qui devait lutter bientôt contre l'invasion du romantisme.

Malgré les agréments dont il jouissait à Milan, au
milieu du cénacle qui avait élu le palais de Brera
pour le lieu de ses réunions, l'officier démissionnaire
se mit, dès les premiers jours du printemps, en
route pour Paris, où il arriva le 14 avril.

Napoléon, alors à l'apogée de la gloire, rejoignait
à ce moment précis, l'armée rassemblée à Augs-
bourg et Ratisbonne et chargée d'envahir l'Autriche.
Son départ laissait Paris frémissant et ému : on
avait le pressentiment de grandes choses : car l'on
sentait que l'empereur voulait frapper un coup
décisif.

La nouvelle foudroyante de la victoire d'Eckmühl
ne tarda pas à parvenir aux oreilles de Paul-Louis.
Ainsi, le grand capitaine ayant de nouveau enchaîné
la Fortune venait, dans une campagne de cinq
jours, d'exécuter « l'une des plus belles opérations
de sa prodigieuse carrière ». Courier qui jusqu'alors
n'avait guère eu le feu sacré, fut pris lui aussi de
cette fièvre de gloire et d'ambition qui secouait tous
ses camarades.

Au lieu de courir en Touraine, afin d'y mettre
ordre à ses affaires, il fit des démarches à Paris
pour reprendre du service, après avoir donné sa

démission. Bien qu'on eût besoin d'artilleurs à l'armée qui marchait sur Vienne, il était toujours délicat pour un officier de solliciter sa réintégration, l'Empereur voyant d'un mauvais œil ceux qui avaient déposé leur épée avant l'âge de la retraite. Voilà pourquoi Paul-Louis eut recours à ses amis ; ayant connu jadis, à Strasbourg, le général de Lariboisière, qui se trouvait pour l'heure investi du commandement en chef de l'artillerie de l'armée, il lui fit écrire. Un rapport au ministre sur sa réintégration fut composé, avec des conclusions très favorables, par un officier des bureaux de la guerre, nommé Evain, qui avait précisément été le camarade de Courier à l'école de Châlons.

Dès lors, il fut informé qu'il pouvait, en attendant la décision de l'Empereur, se rendre au quartier général de l'armée d'Allemagne ; le 15 juin 1809, il arrivait à Vienne. La sanglante bataille d'Essling venait d'inaugurer la série de ces grandes tueries inutiles qui ont caractérisé les dernières guerres de l'Empire. Méditant une éclatante revanche, Napoléon concentrait ses troupes et préparait un nouveau passage du Danube, en faisant appel à toutes les ressources de l'art et de la nature. Aussi, lorsque Courier pénétra dans l'île Lobau, il fut frappé de la grandeur des préparatifs et de la puissance de la volonté qui avait accumulé sur le même point des moyens si considérables. La vue de ces travaux et de ces vastes chantiers, où s'employaient des milliers d'ouvriers, impressionna le pauvre artilleur de Calabre habitué à la dérision de ses pièces de montagne portées à dos de mulet. Plus tard, il parlera en raillant de son aventure de Vienne ; mais, sur l'instant, il fut trop saisi pour n'être pas sincère en écrivant à une amie : « J'ai vu de près les grands événements et j'ai à vous faire des récits sans fin. »

Il reçut un bon accueil du général de Lariboisière, qui, dès le jour suivant, soumit son cas à l'Empereur. Celui-ci « s'avisa de demander ce que c'était que ce chef d'escadron, et pourquoi il avait quitté ». Le général répondit avec tant de prudence que la réintégration fut accordée : Paul-Louis en éprouva de la joie, mais des déceptions ne tardèrent pas à venir refroidir son ardeur. Très absorbé par ses hautes fonctions, Lariboisière n'eut guère le temps de s'occuper de lui : il crut qu'on le traitait avec morgue et sa vieille haine pour la noblesse se réveillant à point il s'avisa qu'il avait trouvé un comte là où il espérait rencontrer un ami. Il s'était flatté de suivre, pendant toute cette campagne, le commandant de l'artillerie en qualité d'aide de camp, or son mécontentement fut porté au comble quand il reçut l'ordre de passer au 4ᵉ corps. Enfin, pour assister à la bataille qui se préparait, il lui fallait un cheval. Il prit à l'essai celui qu'offrait de lui vendre un officier bavarois ; mais il ne se décida point à l'acheter, soit qu'il se trouvât réellement dépourvu d'argent, comme il le prétend [1], soit plutôt parce qu'au moment où s'engagea la bataille de Wagram son ardeur s'était si bien refroidie qu'il n'avait plus envie de s'équiper à grands frais pour une bataille terrible d'où il n'espérait pas sortir sain et sauf. On l'a parfois taxé de lâcheté ; nous repoussons cette interprétation injurieuse, comme la repoussent les lettrés qui ont essayé de pénétrer le caractère de Courier. Il faut voir dans ce trait non une preuve de couardise, mais une inconséquence naturelle chez ce fantaisiste incorrigible.

Il avait remué ciel et terre pour redevenir soldat ; il s'était empressé d'accourir sur ces bords du Danube où les hommes allaient être fauchés par milliers. Et qu'on n'aille pas prétendre qu'il ignorait ce qu'étaient ces grands massacres. Il voulait précisément voir de ses propres yeux une de ces hécatombes humaines comme Austerlitz, Eylau, Friedland ; et il savait bien qu'il ne pouvait y assister sans courir le plus grand risque d'être englouti dans la fournaise.

1. Nous avons montré (*La Jeunesse de P.-L. Courier*, page 314), que Courier avait été recommandé par l'hellénisant Coraï à un banquier grec de Vienne, M. Basili, qui lui ouvrit, pour l'amour du grec, tout le crédit dont il aurait besoin.

Mais une attente de trois semaines, avec les déceptions qui l'accompagnèrent, éteignit à la fois et
sa curiosité et son ardeur. C'est que la réalité ne se
trouvait parée en définitive d'aucune des belles cou-
leurs qu'il avait entrevues dans son court rêve de
gloire militaire. Il aurait voulu se distinguer sous
les yeux du général de Lariboisière, et il allait passer
inaperçu au milieu des officiers occupés à diriger
les batteries de l'île Alexandre. Ce n'était pas ainsi
qu'il s'était flatté de servir : les événements n'étaient
pas conformes à ce que sa fantaisie avait voulu qu'ils
fussent. Enfin la maladie, une atteinte de paludisme
contractée dans ces îles humides, lui enlevait ce
reste d'énergie physique et morale qui, à défaut de
l'imagination, aurait pu le soutenir. Il allait donc
au combat à contre-cœur, et trop disposé à profiter
des occasions qui pourraient s'offrir de rester en
arrière. C'est pour cette raison qu'il s'était arrangé
de manière à n'avoir point de cheval, ou du moins
qu'il n'avait pas fait le nécessaire pour s'en procurer un.

C'est dans cet esprit que, le 4 juillet, après midi,
il passa dans l'île Lobau, et fut dirigé sur l'île Alexandre dont les batteries devaient vomir sur la plaine
choisie pour le déploiement, une telle masse de
mitraille qu'aucune troupe ennemie ne pût y tenir.
A neuf heures, par une nuit sombre, le corps d'Ou-

dinot commença son passage, surprit les sentinelles
et refoula les troupes autrichiennes qui gardaient
les bords du Danube. Alors, son projet démasqué,
Napoléon fit donner le signal à l'artillerie des redoutes. Cent neuf bouches à feu du plus gros calibre
commencèrent à tonner.

Bientôt les grondements de l'orage se joignirent
à ceux de la canonnade, et des torrents de pluie,
accompagnée de grêle, fondirent sur les combattants.
« Le froid et la pluie affreuse de cette nuit » ache-
vèrent d'abattre le malheureux officier.

Cependant, tout marchait avec une régularité
parfaite, grâce à la précision des dispositions prises
à l'avance. « Napoléon courant à cheval d'un bout
à l'autre de la rive où s'exécutait cette prodigieuse
entreprise, dirigeait tout avec le calme, avec la sûreté
qui accompagnent des projets longuement médités[1]».
Il passa même dans l'île Alexandre et vint surveiller
les batteries des redoutes ; là il vit Courier et lui
adressa quelques paroles. Si ce dernier avait eu le
tempérament de tant de soldats, qui servaient dans
cette immense armée, c'en eût été assez pour lui
inspirer une ardeur invincible ; il eût surmonté fatigues et souffrances. Mais hélas ! les paroles de
l'Empereur ne communiquèrent point à ce cœur

---

1. Thiers, *Le Consulat et l'Empire.*

froid le feu sacré. Bientôt, on passa le Danube et, après cette mauvaise nuit, Courier ressentant une grande faiblesse se laissa porter par quelques soldats dans une « baraque » où vint se coucher le général Bertrand. Au moment où l'armée française, ayant délogé les avant-postes autrichiens, prononça sa marche en avant, il ne put rejoindre son poste de combat, n'étant même pas, affirme-t-il, « en état de se tenir debout ». Resté en arrière, il fut traité comme un blessé et évacué sur Vienne.

Le malheur ou la faute était irréparable. Ayant manqué une aussi belle affaire que la bataille de Wagram, il se dit que, dans ces conditions, autant valait ne pas reprendre de service. Comme il n'avait reçu d'ailleurs « ni solde ni brevet », il crut pouvoir quitter l'armée où il était venu en amateur.

Il revint à Strasbourg, d'où il gagna la Suisse, autant pour s'y cacher que pour trouver un asile « contre la rage de la canicule ». Près de Lucerne, il passa tout l'été dans un chalet pittoresquement assis au bord du lac, en face d'une hauteur toute tapissée de bois. Plus loin, il voyait « dans les grandes Alpes l'hiver au-dessus du printemps ». Ce séjour exquis et grandiose était digne d'inspirer un poète idyllique : « Je ne vois que bergers et troupeaux, je n'entends que les châlumeaux et le murmure des fontaines ». Quel cadre à souhait pour un traducteur de Daphnis et Chloé! Estimant, comme Villon,

Qu'il n'est trésor que de vivre à son aise,

il résolut d'oublier dans ce beau séjour l'horreur de la nuit passée dans l'île Alexandre au milieu du vacarme de la canonnade alternant avec les grondements du tonnerre. Il nous apprend que de sa vie il faisait « trois parts : l'une pour manger et dormir, l'autre pour le bain et la promenade, la troisième pour ses vieilles études dont il avait apporté d'amples matériaux ».

N'étant dérangé par aucun visiteur, observant dans sa retraite « le silence de Pythagore et à peu près son régime », notre ermite put, en quelques semaines, mener à bonne fin une traduction libre et abrégée de la vie de Périclès. Plutarque avait toujours été un de ses auteurs de prédilection. Il a d'ailleurs le tort de lui prêter un mépris des faits et de l'histoire qui caractérisent non pas Plutarque mais Courier lui-même. « Il ferait, dit-il, gagner à Pompée la bataille de Pharsale, si cela pouvait arrondir tant soit peu sa phrase. Il a raison. Toutes ces sottises qu'on appelle histoire ne peuvent valoir quelque chose qu'avec les ornements du goût. » Cette haine de l'histoire nous est connue; déjà, à propos des pillages et des massacres de la Calabre, il écrivait : « Ces exécrables farces, c'est là l'histoire dépouillée de ses ornements. » Mais cette opinion paradoxale n'a fait que se fortifier depuis que l'auteur a vu de près les événements qui ont préparé la bataille de Wagram.

Lorsque l'automne fut arrivé, au moment où « les hirondelles s'assemblaient pour partir », Courier se mit en route pour l'Italie. A pied, suivant un guide qui portait son léger bagage, il franchit la chaîne du Saint-Gothard et par Bellinzona et Lugano parvint à Milan.

L'Italie tentatrice s'ouvrait à lui, avec la séduction de ses beautés naturelles, de ses curiosités artistiques et de ses bibliothèques. A Florence, où il se rendait tout d'abord, il comptait fouiller « dans les vénérables bouquins ». Il se rappelait toujours le manuscrit des moines de l'Abbaye dans lequel il avait remarqué en son entier le premier livre de *Daphnis et Chloé*, mutilé dans toutes les éditions. Il se flattait bien de retrouver ce manuscrit, que le gouvernement avait fait verser à la bibliothèque Laurentienne, et d'attacher son nom à la publication du supplément inédit, dont la découverte allait donner plus de prix au joli roman de Longus.

A Bologne, il rencontra Renouard le savant libraire parisien, auquel il fit part de ses espérances. Voyageant ensemble, ils arrivèrent à Florence le 4 novembre ; le lendemain, ils se rendirent avec del Furia à la bibliothèque. Dès qu'il eut le manuscrit sous les yeux, Courier le confrontant avec un texte imprimé, montra à ses deux compagnons le long morceau inédit qui avait échappé à tous les savants.

A cette vue, del Furia resta interloqué : lui qui avait travaillé si longtemps sur ce manuscrit sans en découvrir la seule particularité intéressante, il fut saisi, au point qu'il en « demeura stupide ». Mais bientôt il devint furieux et ses yeux lancèrent des éclairs de rage.

Ces faits, qui n'ont pas été démentis par le bibliothécaire florentin, établissent bien que la découverte du fragment inédit est l'œuvre du seul Courier.

Aussitôt, il se mit à copier les huit pages environ que forme ce supplément, en se faisant aider par del Furia et le sous-bibliothécaire Bencini ; c'est-à-dire que ces messieurs, habitués aux caractères si fins et si peu lisibles du manuscrit, lui dictèrent tout ce qu'ils purent déchiffrer de ce grec. Quand un mot leur échappait, Courier laissait un espace en blanc. Lorsque le travail fut fini, il prit à son tour le volume et, guidé par le sens, lut ou devina les mots que ses deux collaborateurs n'avaient pu comprendre. C'était alors eux-mêmes qui tenaient la plume, à tour de rôle, et qui comblaient les blancs laissés par Courier.

Ainsi, malgré l'espèce d'humiliation qu'éprouvait del Furia à voir Paul-Louis découvrir l'inédit que lui-même n'avait pas soupçonné dans son manuscrit familier, il se montrait complaisant pour l'officier français, qui aurait eu beaucoup de mal à s'acquitter seul de ce travail diabolique[1].

La copie terminée, Courier entreprit la collation entière du manuscrit de Longus, afin de publier chez Renouard un texte complet. Del Furia lui prêta son concours pour ce nouveau travail. « Nous étions arrivés, dit-il, au 10 novembre, quand, prenant moi-même des mains de M. Courier le manuscrit pour le replacer dans mon secrétaire, j'aperçus à l'intérieur une feuille qui, se distinguant du manuscrit par sa couleur et sa largeur, paraissait ne pas lui appartenir. J'ouvris et... ô ciel ! quelle ne fut pas mon épouvante et ma douleur en constatant que cette feuille était attachée à une page du manuscrit, qui, tachée d'une encre abondante et épaisse, y demeurait collée. Cette page était précisément celle où se trouvait le supplément. »

Vivement pris à partie, Courier expliqua qu'il avait, par étourderie, placé cette feuille souillée d'encre, pour servir de marque, et il en signa la

---

1. « En vérité, il faut être sorcier pour le lire », écrivait Paul-Louis à Clavier, en parlant du manuscrit en question.

déclaration, qu'on lit encore aujourd'hui attachée au manuscrit de Florence.

A partir de ce jour, la guerre fut déclarée entre lui et le pauvre Furia de plus en plus irrité, selon l'expression d'Akerblad, d'avoir vu « un Welche venir pondre dans son nid ». Le découverte de Courier l'avait profondément vexé ; mais bientôt il s'était consolé par l'espoir d'en partager le bénéfice aux yeux et au jugement du monde savant. Cachant donc sa fureur et son dépit, il collabora de son mieux à la lecture si épineuse du texte exhumé, de façon à pouvoir appeler l'événement de la Laurentienne : « notre commune découverte ».

Il comptait probablement publier à Florence le supplément, avant même que Renouard put l'imprimer à Paris. Mais son espoir se trouva cruellement déçu lorsque Courier, en maculant la plus grande partie du passage inédit et en le rendant illisible, se fut approprié, pour lui seul, tout le bénéfice de sa trouvaille. Alors del Furia ne cacha plus sa colère ; il se voyait complètement évincé, d'autant que la seule copie qui eût été faite du supplément restait entre les mains de l'heureux Paul-Louis. Celui-ci persista plus que jamais à refuser cette copie à son rival ; il usa de violence, il usa de mauvaise foi, mais s'il est impossible de louer sa conduite, il faut avouer qu'il eut raison d'agir ainsi, en vertu du

principe : qui veut la fin veut les moyens. D'ailleurs
la perfidie de ses adversaires italiens devait bientôt
lui servir d'excuse. Dans cette lutte contre le conservateur de la Laurentienne, Paul-Louis se sentait
soutenu secrètement par Renouard, dont les intérêts se confondaient avec les siens. Ce libraire,
homme d'importance, était si heureux de publier
le fragment inédit de Longus qu'il fit grand bruit
de la découverte de Courier. Par lui, les gazettes
d'Italie en retentirent, et s'efforcèrent d'allécher
érudits et simples badauds par l'annonce des éditions de la maison Renouard. Il chercha d'ailleurs
à consoler del Furia, et, se posant en arbitre entre
les deux adversaires, il engagea de son côté, mais
sans succès, Courier à délivrer la copie que réclamait le malheureux bibliothécaire. On voit que
l'éditeur parisien se montrait plus généreux que
l'helléniste ; c'est qu'il se flattait d'imprimer en très
peu de jours le supplément inédit que Courier devait
lui envoyer ; il était assuré de gagner de vitesse del
Furia et les imprimeurs florentins.

Toutefois, Renouard rentré à Paris attendit vainement le précieux fragment qu'il devait éditer ;
toutes ses démarches pour l'obtenir furent infruc-
tueuses, ses lettres demeurèrent sans réponse.

C'est que Courier avait changé d'avis. Malgré la
promesse de confier son texte au libraire de Paris,

voilà qu'il imprime soudain à Florence, chez Piatti, sa traduction complète de *Daphnis et Chloé* en français vieilli à l'imitation d'Amyot[1].

Non content d'avoir frustré Renouard de la traduction française, voici maintenant qu'il médite de publier le texte grec chez Firmin Didot, parce qu'il le juge mieux outillé et pourvu d'ouvriers plus capables. Renouard dut dévorer son affront. Mais comment venir à bout d'un homme aussi insaisissable ?

Cependant, après la publication de son *Daphnis et Chloé* en vieux français, Courier avait quitté Florence et, passant par Rome, s'était réfugié à Tivoli, au milieu de l'air pur des montagnes, pour y mieux goûter le charme de la belle saison, qui déjà s'annonçait. Il était parti fort à point, au moment où del Furia le désignait à la vindicte publique dans un factum célèbre sur la tache d'encre. Extraordinaire fut en Italie le retentissement de ce pamphlet dirigé contre un Français, et publié sous forme de lettre[2]. C'était là véritablement l'acte d'accusation destiné

---

1. Cette édition originale n'a été tirée qu'a 60 exemplaires, aujourd'hui très rares, sous ce titre : *Daphnis et Chloé, traduction complète d'après le manuscript de l'Abaye de Florence.* Piatti, 1810,

2. Lettera della Scoperta et subitanea perdita di una parte inedita del primo Libro de' Pastorali di Longo. — Février 1810.

à saisir le public et l'autorité, aussi bien qu'à désigner le vrai coupable.

Au même moment Renouard, considérant qu'il n'avait plus à ménager Courier, le dénonçait à son tour, mais sans aigreur, dans une plainte adressée au comte Portalis, directeur général de la librairie. Dès lors une action administrative fut engagée contre lui : ainsi les sanctions redoutées par Courier avaient été suggérées par le seul homme sur lequel il aurait pu compter, dans cette triste affaire, s'il n'eût, comme à plaisir, pris soin de se l'aliéner.

Le préfet de Florence reçut l'ordre de se livrer à une enquête ; une descente de police eut lieu chez le libraire Piatti et amena la saisie des 27 exemplaires qui lui restaient de *Daphnis et Chloé.*

Portalis transmet alors le dossier à Montalivet, ministre de l'Intérieur, qui voudrait arrêter l'affaire, et qui ne s'occupe que « des moyens de réparer le dommage survenu au manuscrit ». Mais Portalis plus vindicatif, stimulé d'ailleurs par la plainte de Renouard, poursuit son enquête sur Courier, en s'adressant maintenant au préfet de Rome, M. de Tournon.

Dans sa retraite de Tivoli, Paul-Louis attendait la fin des chaleurs, en préparant son édition du texte intégral des Pastorales de Longus : tout était desséché sur les montagnes, ruisseaux et verdure, lorsqu'il fut mandé à Rome par le préfet. Interrogé, il se défend avec beaucoup de dignité, et établit sans peine son désintéressement d'érudit.

Mais comme ces explications ne lui semblent pas suffisantes, il veut devant le public se justifier du crime dont on l'accuse, et surtout confondre ses persécuteurs : del Furia et Puccini, directeur de la Galerie de Florence. Malgré le préfet, qui lui interdit de rien publier et l'avertit qu'il s'exposerait beaucoup, il trouve le moyen d'imprimer à Rome, et de répandre, un véritable pamphlet en forme de *Lettre à M. Renouard*. Dans l'affaire de la tache d'encre, la publication de ce *factum* constitue l'épisode le plus sensationnel et le plus brillant.

Depuis dix mois, Courier, malgré les injures dont on l'accable, a gardé le silence. Mais brusquement, il change de tactique. Comme il se croit sur le point d'être arrêté pour un pâté d'encre, il saisit l'opinion, présente sa défense et en même temps dirige contre del Furia et sa bande une foudroyante offensive. Cet événement a donc une importance considérable dans la carrière de l'écrivain qui dès longtemps cultive les lettres sans avoir encore trouvé sa véritable voie. C'est la crainte des persécutions qui lui révèle son génie de pamphlétaire. Ainsi Lysias, un de ses modèles, quitte un beau jour ses paisibles occupations de logographe et se classe parmi les maîtres de l'éloquence en accusant le bourreau de son frère.

Les attaques contre del Furia et Puccini constituent la partie principale du pamphlet ; mais on réserve quelques excellents traits de satire à Renouard qui a répudié bruyamment toute solidarité avec l'helléniste. Ce sont d'abord des railleries sur sa prudence excessive et sur sa crainte d'être compromis dans cette affaire. Puis l'on se moque de sa présomption : pour avoir accompagné Courier dans une bibliothèque il s'attribue la moitié de sa découverte. Ainsi il refuse de prendre sa part des coups, mais il veut le profit et l'honneur d'une publication inédite.

Paul-Louis semble s'être conformé au précepte de Pascal : « dans certains cas, la moquerie est une action de justice. » Il écrase ses adversaires sous le ridicule.

En même temps, il signale la cause profonde de leurs attaques et de leur rancune. C'est une animosité non particulière, mais générale, contre les Français, c'est-à-dire contre les maîtres de l'Italie. Voilà l'explication la plus désagréable à entendre pour le gouvernement. Comment assurer après cela à Napoléon qu'il était adoré des Italiens comme leur bienfaiteur ? Les insinuations de Courier étaient de nature à consterner le monde officiel toujours optimiste.

Elles créaient un cruel embarras à la police et au préfet de Rome dont le rôle était précisément d'interdire toute critique et toute discussion sur des sujets de nature à passionner l'opinion.

Malgré le tour qu'il venait de lui jouer, en publiant ce pamphlet contre ses ordres, M. de Tournon fut assez généreux pour défendre des sévérités de Portalis le pamphlétaire indiscret qui risquait de le compromettre auprès d'un gouvernement fort. La tâche d'un préfet ne consistait-elle pas à écarter les plaintes et à empêcher la vérité d'éclater? Toutefois M. de Tournon était, sous un régime despotique, non seulement un esprit ouvert capable de s'intéresser aux érudits et à leurs travaux, mais un administrateur aussi libéral et aussi indépendant qu'il était possible alors. Il s'honorait d'ailleurs de l'amitié de Millin, qui put lui faire partager sa sérieuse estime pour Courier. Or Millin consacrait, à ce moment même, dans son *Magasin encyclopédique*, toute une étude à la découverte de Paul-Louis, à sa traduction de *Daphnis et Chloé* et aussi au fâcheux accident du manuscrit souillé d'encre. Les éloges qu'il décerne à la science de l'helléniste, l'intervention d'un autre érudit Boissonade, enfin l'approbation unanime des savants officiels de Paris, qui semblaient couvrir Courier comme un des leurs, tout cela était de nature à dissiper les préventions de l'autorité contre celui que les Italiens, dans leur haine inapaisée, avaient représenté comme un « voleur de grec ».

Aussi, Portalis ayant donné l'ordre de saisir à Rome l'édition grecque, comme on avait saisi à Florence la traduction française, cet ordre ne fut point exécuté par M. de Tournon, qui jusqu'au bout s'interposa entre Courier et le directeur de la librairie.

Il n'est donc plus question, vers la fin d'octobre 1810, de sévir contre l'imprudent qui avait souillé le manuscrit de Florence. Mais, pour assurer la conservation du passage oblitéré, Courier doit, par ordre du ministre de l'Intérieur, remettre au préfet de Rome :

1° la première copie qu'il a faite du passage jusqu'à lui inédit de *Daphnis et Chloé* ;

2° un exemplaire de l'édition complète qu'il vient de publier du même ouvrage.

Ces pièces furent alors remises à del Furia avec une solennité qui dut le consoler quelque peu de ce que sa victoire était incomplète, puisque son ennemi s'en tirait à trop bon compte. D'ailleurs tous les lettrés italiens prirent à cœur de l'aduler en des épîtres enthousiastes, où s'exaltait l'amour-propre national. Ces Italiens voyaient avec peine les Français fouiller leurs bibliothèques après avoir ravi

leurs trésors artistiques ; de là leur zèle pour del
Furia qui, en dénonçant Courier aux sévérités de
l'administration, avait su exprimer leurs rancunes et
faire entendre leurs propres griefs.

Quant à celui qui fut cause de tout ce bruit, les
vrais motifs de sa conduite apparaissent comme peu
honorables. Craignant que del Furia ne voulût s'approprier le fragment inédit, il ne songea plus qu'à
évincer ce rival et le désir de triompher lui fit perdre le jugement. Périsse le texte pourvu que je fasse
l'édition *princeps,* telle fut l'idée folle qui lui traversa le cerveau. Fantaisie plus singulière, il voulut
introduire dans le fragment découvert par lui certaines leçons ou variantes qui lui paraissaient meil-
leures que celles du manuscrit lui-même. Ainsi, le
texte de Longus fut par Courier modifié d'une façon
arbitraire. C'est ce qu'un bon juge, Akerblad, appela
spirituellement les errements de « l'éditeur militaire
qui a donné des coups de sabre dans le Longus[1] ».

Ni les conseils de del Furia, ni les amicales ins-
tances d'Akerblad ne purent l'empêcher de substituer
ainsi ses propres conjectures à ce qu'il jugeait vi-
cieux dans le manuscrit. Hâtons-nous d'ajouter,
pour rassurer les lecteurs, que ces corrections arbi-

---

1. « Il nostro editore militare ha dato delle sciabolate
al testo. Lettre d'Akerblad à del Furia. — Roma, 28 Lu-
glio 1810.

traires sont peu nombreuses, qu'elles n'ont au fond qu'une mince importance et qu'aucune d'elles n'était de nature à modifier sérieusement le sens du passage. Ce que nous devons retenir surtout c'est qu'en matière d'érudition, comme dans tout le reste, Courier avait le tort grave d'écouter sa fantaisie, plutôt que d'obéir à des règles, et de suivre son caprice sans tenir compte des conseils les plus autorisés.

Ce fut ce qui le décida à faire disparaître, comme un témoin gênant, le texte même du fragment qu'il avait découvert. Alors donc, oubliant sa propre dignité, non moins que les intérêts supérieurs de l'érudition, il eut recours à une ruse puérile autant que coupable, qui consista à barbouiller d'encre la page essentielle du vénérable bouquin.

Cette faute commise, il aurait pu non la racheter, mais se la faire pardonner par son empressement à remettre au bibliothécaire une copie authentique du passage oblitéré. Mais, malgré les avis de Renouard, il la refusa, justifiant par là tous les soupçons et méritant les reproches de ses amis aussi bien que les attaques de del Furia.

Sans doute, tout se termina pour ainsi dire à l'amiable, et Courier ne pouvait s'en tirer à meilleur compte. Mais, pendant un moment, il avait éprouvé de terribles inquiétudes, car l'autorité militaire, qui l'avait perdu de vue depuis Wagram, s'était préoccupée de le rechercher.

Après son départ de Vienne, le général Gassendi, chef de la division de l'artillerie au ministère, avait, en désespoir de cause, fait inscrire cette note à son dossier : *on ne sait ce qu'il est devenu depuis la fin de 1809.*

Bientôt son attention étant attirée par le bruit élevé autour de la tache d'encre, il apprit que son déserteur de Wagram était le héros d'une aventure singulière qui le mettait en conflit avec les lettrés florentins. Il donna l'ordre au général Sorbier de le faire arrêter sans délai. Ce vieux soldat n'aimait pas Courier, qui avait eu la maladresse de critiquer devant lui l'artillerie montée dont il était le véritable organisateur. Cependant, nous dit Griois, ne voulant donner aucune suite à la chose, il fit prévenir Paul-Louis afin qu'il pût « aviser aux moyens de faire cesser les démarches dont il était l'objet ».

Aussitôt averti, le délinquant écrivit à Gassendi en lui narrant ses mésaventures de Vienne, et par son habile plaidoyer désarma son chef, qui borna là cette enquête.

Ainsi Courier eut bien « deux ministres à ses trousses », comme il le dit, mais deux ministres bienveillants et disposés à se contenter des excuses du coupable. Toutefois, pendant quelque temps il

eut peur : c'est pourquoi il renonce à toute récla-
mation au sujet « de ses griffonnages », se terre et
cherche à se faire oublier : « J'ai peur, si je rede-
mandais mon livre saisi, qu'on ne me saisît moi-
même. »

Plutôt que de pâlir au fond d'un cachot, en attendant une justice hypothétique, il souhaite d'aller
visiter les pays d'Orient, sur lesquels ses livres l'ont
tant et si bien renseigné. Il annonce même son
prochain départ pour Corfou d'où il passera en
Grèce, en Égypte. Il poussera jusqu'en Syrie, puis
reviendra à Paris par Constantinople et Vienne.
Hélas ! que devait-il advenir de ces beaux projets ?
Ce qui était « écrit aux tablettes du destin ».

CHAPITRE V

DÉSILLUSIONS ET MISANTHROPIE

ALGRÉ les motifs peu honorables qui l'avaient poussé à souiller d'encre le manuscrit de Florence, Courier grâce à la *Lettre à Renouard* avait gagné sa cause auprès du public français et de la postérité. Mais sa victoire même le brouillait avec le monde officiel, et lui faisait perdre des amis, surtout parmi les Italiens. Seuls les intimes d'entre ses amis parisiens lui demeurèrent fidèles : Akerblad refusa de prendre parti entre del Furia et lui. Mais d'autres savants, comme l'austère de Sacy, jugèrent qu'il avait dépassé la mesure et blâmèrent le persiflage et les moqueries de son pamphlet. A Rome, l'on fut du même avis, dans la société de d'Agincourt et de la Dionigi. Letronne qui, vers cette époque, fut hébergé chez cette femme de lettres, tint à congratuler del Furia dans une épître qui résume bien les sentiments de ce petit cénacle à l'égard du trop bruyant pamphlétaire. « J'ai lu ici, écrit-il, la diatribe de Courier ; elle fait tort à lui seul : l'opinion publique le punira de n'avoir conservé aucune dignité dans une chose aussi importante et d'avoir cru que les injures remplacent les raisons ; cela pouvait être bon du temps des Milton et des Saumaise ; mais dans ce siècle, il est défendu aux savans de ne point savoir vivre. Son écrit m'a rappelé le mot de Quintilien *maledicus a maledico nisi occasione non differt* ; et sa conduite cette maxime γράμματα μαθεῖν δεῖ καὶ μαθόντα νοῦν ἔχειν ; le monde savant paraît les lui avoir appliquées (*sic*) ». Letronne et de Sacy devaient plus tard se rappeler leurs griefs, lorsque Courier brigua leurs suffrages pour remplacer Clavier à l'Académie.

Autour de lui, il ne comptait plus les défections : il ressentit cruellement la perte de certaines amitiés et vainement essaya de s'en consoler en disant du mal de l'amitié et des amis.

Bref, les chagrins qu'il a éprouvés commencent à l'incliner à la misanthropie. Privé des relations où il goûtait tant de charme, il réussit pourtant à se créer une existence agréable partagée entre la lecture, les longues flâneries dans la campagne et le jeu de volant toutes les fois qu'il trouve des partenaires.

Dès le printemps de 1811, il s'était installé à Albano. On se rappelle le séjour qu'il avait fait l'été précédent à Tivoli : il allait pouvoir comparer les monts Albains aux montagnes de la Sabine.

La nature l'enchanta. Tout autour de sa résidence, ce n'étaient que sites poétiques, à bon droit célèbres. C'étaient le lac de Nemi, Larricia. C'était surtout ce cirque de forêts dont les gradins, tour à tour verdoyants ou jaunis par l'automne, escaladent les pentes du Monte-Cavo, et dont l'arène est figurée par la surface lisse du lac d'Albano. Courier marcheur intrépide aimait à faire à pied le tour de cette cuvette volcanique, qui constitue peut-être la plus belle promenade de l'Italie. Il retrouvait dans cette pittoresque contrée les voluptés de la vie champêtre et de la vie errante tant de fois goûtées en Calabre et en Suisse. Voluptueux à la façon d'Horace, il éprouvait comme lui des joies pour ainsi dire artistiques en face de cette belle nature.

Dans une lettre à Mme de Salm, qui restait pour lui une amie fidèle, il décrit avec grâce les délices qu'il éprouve en face de ces paysages italiens si imprégnés de poésie. Mais la princesse n'avait point l'âme assez champêtre pour apprécier ses essais dans le genre descriptif : il n'ose donc insister de peur de l'importuner : « Vous n'êtes point femme des champs, remarque-t-il, moins encore des bois ; mes ombrages frais, mes ruisseaux limpides vous feraient dormir debout. »

Après avoir villégiaturé tout à loisir dans cette contrée enchanteresse, d'Albano à Rocca di Papa et à Frascati, il se rendit à Naples, où l'appelait la comtesse d'Albany. Cette très grande dame, veuve du *Prétendant* Charles Stuart, voyageait en compagnie du peintre français Fabre ; Paul-Louis, qui avait fait leur connaissance à Florence, fut charmé de fuir un peu la solitude à laquelle il se voyait voué depuis son affaire de la tache d'encre. Malgré le mal qu'il disait de l'amitié, il se joignit avec empressement à des compagnons de route instruits et spirituels.

De son côté la comtesse, ravie de s'attacher un lettré de la valeur de Courier, lui fit promettre de composer une relation de leur voyage et des entretiens qui devaient l'égayer. C'est à cet engagement que nous devons la *Cinquième conversation chez la comtesse d'Albany*, qui fut sans doute la dernière. Quant aux autres, ou elles furent perdues, ou son indolence naturelle lui fit négliger de les rédiger sur les notes qu'il avait prises.

A Naples, Courier se déclarait dans « le véritable Eden » : loin d'y vivre livré au doux *farniente*, auquel invite le climat, il cherchait à s'intéresser à tout. Il voulut visiter les *papyri* découverts à Herculanum. Hélas ! notre érudit n'y trouva qu'un sujet de mécontentement, car on ne lui permit point de manier et de déchiffrer ces précieux manuscrits. On les lui montra de loin « comme la sainte Ampoule ou l'épée de Charlemagne ». C'est que sa détestable réputation était parvenue jusqu'à Naples et faisait de lui la terreur des Conservateurs !

Rentré à Rome en 1812, il ne s'intéressa point aux fouilles du Forum. Pourtant toute l'histoire romaine surgissait du sol bouleversé du *campo vaccino* et Courier était passionné pour l'archéologie. Mais il suffisait que ces fouilles fussent ordonnées par le gouvernement pour qu'il s'en détournât avec mépris.

Ainsi, dès cette époque, il hait tout ce qui est officiel. C'est une conséquence des démêlés qu'il a eus avec l'autorité, au cours de son *affaire* ; désormais il a conçu, et pour toujours, la haine, disons même l'horreur, des préfets, des chambellans, des académiciens et des ministres, non moins que des généraux. C'est un *bohéme* indépendant, mais c'est surtout un mécontent aigri. Il fuit donc toutes les occasions de rencontrer le préfet de Rome M. de Tournon, qui avait eu pour lui tant de bienveillance. Il évite aussi le général Miollis, de Gérando qu'il connaissait bien, et même Millin qui avait parlé avec tant d'éloges de sa traduction de *Daphnis et Chloé.*

Cette hostilité contre les hommes en place remonte jusqu'au gouvernement qu'ils servent : Courier déteste le régime impérial. Il lui reproche d'avoir abaissé les caractères en faisant pleuvoir sur de grossiers parvenus les faveurs, les dignités, les cordons et les galons. Sans doute la sévérité avec laquelle il juge l'Empire procède des déceptions qu'il a éprouvées. Ce sont les blessures faites à son amour-propre qui l'ont aigri à ce point.

Mais, s'il est vrai que l'esprit de critique nous rende plus clairvoyants que l'esprit d'adulation, le mécontentement de Courier lui a fait découvrir le côté faible de ce régime si brillant. Le pouvoir du jour n'admet que le ton de l'apologie ou du dithyrambe à l'adresse du « plus grand héros des temps modernes ». En dehors de l'éloge point de littérature, car à tout homme qui tient une plume les grands sujets sont interdits. L'éloquence vit de passions : mais il est défendu de les exciter et surtout de critiquer quoi que ce soit en prenant le public pour juge.

Il n'est pas sûr même que les écrivains puissent trouver des lecteurs capables de s'intéresser à leurs idées : « Au vrai, dit Paul-Louis, je vois que la grande affaire de ce siècle-ci, c'est le débotté et le petit coucher. » Un peuple de courtisans ne s'intéresse qu'à sa fortune : ni les arts ni les lettres ne le touchent. Il faut donc renoncer à écrire. « Contentons-nous de lire et d'admirer les anciens du bon temps. » Telle est la conclusion à laquelle il arrive. Il est pour sa part totalement découragé de publier ; et il déclare y renoncer car c'est une occupation trop périlleuse.

Ces réflexions pessimistes mais sincères de l'auteur de la *Lettre à Renouard* nous donnent une des raisons les plus plausibles de l'incroyable médiocrité de la littérature impériale. Mme de Staël et Chateaubriand exilés ou traqués par la police ont dû penser comme lui ; en tout cas, ils ne l'ont pas démenti. Certes leurs œuvres appartiennent à la France mais non au régime qui les a persécutés.

Aigri et mécontent, notre misanthrope avait toutefois cherché des consolations dans la lecture, dans les voyages, dans la promenade au milieu des plus beaux sites de l'Italie, si bien que pour lui les années 1811 et 1812 s'étaient écoulées fort doucement.

Après tant de flâneries, il ne lui restait plus qu'à rentrer en France, où depuis longtemps le rappelaient ses intérêts trop négligés. Il fallut bien en venir à fixer la date de son départ.

129

Alors, comme pour mieux marquer qu'un long et beau chapitre de son existence était terminé, il classa soigneusement une centaine de ses lettres écrites d'Italie, à partir de 1804, et rédigea une courte note destinée à servir d'en-tête à ce recueil.

Enfin, il prit la voiture publique pour Florence, et il s'arrêta quelques jours dans cette ville où, grâce à del Furia, son nom avait été livré en pâture à la malignité publique.

Au dire de certains Florentins animés de l'esprit de clocher, c'était del Furia lui-même qui avait découvert le supplément de Longus : quant à Courier il s'était efforcé d'anéantir cette découverte par méchanceté pure. Ainsi, comme il le remarque spirituellement, tout l'honneur était pour son rival ; quant à lui, il restait seul avec sa tache d'encre que personne ne lui contestait.

Afin de compléter cette démonstration, un certain abbé Ciampi avait publié, à Florence même, le fameux fragment inédit traduit en italien, sans souffler mot de Courier ; et c'était son œuvre qui naturellement faisait autorité aux yeux des Toscans. Courier avait la rancune tenace ; il ne voulut pas laisser plus longtemps triompher ses adversaires. Aussi fit-il grand tapage en déclarant que le texte de Ciampi était faux, mensonger, inventé à plaisir pour lui faire pièce. Grave alerte au camp des Florentins ! Ce retour offensif semblait rouvrir la querelle engagée en 1809 et 1810. Ainsi reparaissant à l'improviste sur le champ de bataille, tandis qu'on le croyait en fuite, Courier s'efforçait de réduire à néant la victoire de ses ennemis. Après avoir tremblé il voulait prendre sa revanche.

Ayant ainsi molesté, pendant quelques jours, del Furia et sa séquelle, il part pour Paris, où il arrive le 3 juillet 1812. Son beau rêve était fini. Lui qui déclarait depuis longtemps qu'il était devenu italien, et qu'il ne saurait vivre que dans le pays *ove il si suona,* voilà qu'il retombait dans la banalité d'une capitale, qui certes était loin d'offrir les séductions du Paris de notre époque. Il s'y ennuya beaucoup : alors lui apparut le vide de son existence désœuvrée dont il n'avait point souffert en Italie. Il faisait si bon rêver, lire et se laisser vivre à Naples, à Frascati, et sur les bords du lac d'Albano !

Dès le premier hiver qu'il passa dans Paris, la boue lui fit horreur : il y en avait tant parmi ces ruelles tortueuses et puantes ! Quand revint la belle saison, il alla s'établir à Saint-Prix près de Montmorency pour y jouir de l'air de la campagne. Ce n'était qu'une villégiature momentanée puisqu'il travaillait à mettre un peu d'ordre dans ses affaires pour aller en Grèce, pour voir Athènes. Il avait donc toujours dans la tête son pèlerinage païen ! « J'en veux, disait-il, rapporter des reliques, soit la lanterne de Diogène, ou bien le miroir d'Aspasie. »

Mais hélas ! l'heure est mal choisie pour aller « saluer la terre de Minerve et des arts ». C'est l'année terrible où le sort de la France et de l'Europe se joue sur les champs de bataille de Dresde et de Leipzig. Sans doute, Courier affecte l'indifférence, pour ne pas démentir son attitude de scepticisme patriotique, qui convient à merveille à un militaire mécontent : il se raille des « gens qui suivent les armées sur la carte et ne les perdent non plus de vue que s'ils répondaient de l'événement ». Mais cette bravade provient, en cette occasion, de son manque de clairvoyance. Son âme n'est point gangrenée : pour s'en convaincre, qu'on se rappelle l'ennui, la douleur qu'il éprouvera lorsque, les Alliés entrés à Paris, il devra subir « l'odieuse nécessité de voir partout chez lui des figures russes et allemandes ».

L'année même de son retour en France, pendant que la Grande Armée succombait dans les neiges de la Russie, il arriva à Paul-Louis une fâcheuse mésaventure qui ne pouvait qu'aigrir davantage un mécontent tel que lui. Appelé en Touraine par ses affaires, il prit la diligence le 23 octobre, à l'heure même où éclatait la conspiration du général Malet, et coucha à Orléans. Au moment où la voiture publique arrivait à Blois, des gendarmes lui demandèrent son passeport. Comme il n'en avait point, il fut requis de montrer le brevet de sa décoration. Il ne put l'exhiber; en outre ses explications embarrassées le rendirent suspect. Le préfet, qui venait d'apprendre la conspiration, flaira dans cet officier démissionnaire un complice de Malet et le fit garder à vue par deux gendarmes, dans une chambre de l'auberge où s'arrêtait la diligence. Courier y passa quatre pénibles journées. Enfin il fut libéré, grâce à l'intervention de son camarade Leduc, secrétaire général du Palais, qui se déclara prêt à répondre de lui au préfet de police.

Courier continua sa route, quitte, encore cette fois, pour la peur; mais, de ses émotions il lui resta un peu plus d'aversion pour l'autorité et pour l'Empereur, en qui il voit moins le grand homme que tout le monde admire que « l'inventeur de la haute police ».

Aussi dès cette époque Courier est mûr pour l'opposition. Il est vrai qu'il en est réduit à cacher sa mauvaise humeur : mais vienne un gouvernement sous lequel on puisse élever la voix, et l'arbitraire n'aura pas de plus violent ennemi.

Sorti des griffes des alguazils, il vint à Luynes où l'on sait qu'il conservait son domaine de la Filonnière. Chaque année désormais nous y trouverons trace de son passage, car les chaleurs de Paris au mois d'août le faisaient fuir et lui rappelaient sa fraîche résidence, où il s'était réservé le modeste pied-à-terre du Pavillon. D'immenses chênes se dressent auprès de la maisonnette et une tradition locale veut qu'il ait écrit ses pamphlets assis sur un gros bloc de granit que l'on voit encore à cet endroit.

Quelque agréable que fût ce séjour annuel en Touraine, il y souffrait de sa solitude beaucoup plus qu'à Paris, où des travaux d'érudition, ses visites aux bibliothèques, ses relations avec des savants remplissaient sa vie. L'idée de se choisir une compagne dut venir peu à peu à ce célibataire endurci au cours des longues journées monotones qu'il passait à la Filonnière, près de ses métayers, à l'époque où l'on serre et partage les récoltes. Rentré à Paris, il y voyait si peu de monde que le champ d'investigation où il eût pu découvrir une femme était fort circonscrit. D'ailleurs, il vivait chez des parents égoïstes les Marchand, qui, espérant hériter de lui, se seraient bien gardés d'éveiller chez leur cousin des idées matrimoniales.

Les seules jeunes filles que rencontrât parfois ce « vieux garçon » c'étaient Mlles Clavier. On sait ce qu'était leur père pour Paul-Louis, non pas un ami seulement, mais le guide, l'initiateur dans ses travaux philologiques en même temps que l'homme sérieux et droit auquel on s'adresse pour en recevoir un bon conseil dans toutes les difficultés qu'amène l'existence. De son côté, Mme Clavier avait beaucoup d'estime pour Courier qui, depuis son retour en France, était devenu le familier de la maison. Il avait joué, dès l'époque du Consulat, avec Minette et Zaza (ainsi s'appelaient les deux filles des Clavier), car ce « huron » adorait les enfants et excellait surtout à les amuser. A son retour d'Italie, il fut tout surpris de retrouver dans Minette une belle et séduisante jeune fille.

Son portrait a été tracé par M. André : « de taille moyenne, bien faite, les traits réguliers, elle était fort gracieuse. Tout en elle, d'ailleurs, était douceur et charme : la physionomie, qu'ombrait une chevelure châtain, le son de la voix, la flamme pénétrante de beaux yeux aux pupilles d'or[1] ». Célibataire endurci, sceptique en amour comme en toutes choses, mais surtout contempteur ironique des joies conjugales, Courier se brûla à la flamme de ces beaux yeux. Quarante-deux hivers avaient passablement dénudé son front; pourtant il crut pouvoir goûter d'heureux moments marié avec la fille de son ami, laquelle marchait sur ses dix-neuf ans. Sans doute, il ne se décida point tout d'un coup; mais un jour, au cours d'une visite, il se laissa aller soudain à dire à Mme Clavier des paroles qui équivalaient à

1. Louis André, *L'assassinat de P.-L. Courier.*

135

une déclaration en règle : « Tout ce que j'aime est ici. » On le prit au mot.

De son côté, Mlle Herminie paraît avoir sans répugnance accepté comme mari ce vieux garçon, qui n'avait jamais passé pour un Adonis. On sait que la petite vérole l'avait affreusement défiguré ; son teint était brun et bilieux, sa mise négligée et même « sale » ; ses yeux gris, embroussaillés de sourcils châtain foncé, lui donnaient un air dur et défiant qu'accentuait encore la ligne sombre des favoris encadrant ce visage. Mais rien n'était plus laid que sa bouche : c'était une énorme bouche soulignée par des lèvres grosses et avancées. Elle s'ouvrait souvent pour le rire, mais lorsqu'elle bâillait, nous dit Courier lui-même, on eût dit l'ouverture « d'un coffre ».

Du moins, il avait tant d'esprit qu'il savait, quand il le voulait, faire oublier les torts que la nature avait eus envers lui. Tous ceux qui ont connu Courier sont unanimes à déclarer qu'il n'y avait rien de plus enjoué, ni de plus aimable que lui lorsqu'il se trouvait en belle humeur ; et Mlle Clavier, habituée à rencontrer dans le salon de sa mère des savants solennels et ennuyeux, sut goûter les saillies spirituelles et piquantes de sa conversation. Enfin la fille d'un membre de l'Institut pouvait sans déroger s'unir à cet helléniste déjà célèbre auquel un fauteuil à l'Académie semblait réservé, encore qu'il fût pour l'instant peu disposé à le solliciter.

C'était donc, malgré la disproportion des âges, ce qu'on est convenu d'appeler un mariage de convenance. D'ailleurs la jeune épousée ne négligea point de se faire payer sa jeunesse : par le contrat, qui fut passé à Paris le 19 avril 1814, par devant Me Mossé, le futur époux lui faisait donation d'une somme de 30 000 francs en deniers comptants, ou bien d'une rente viagère de 3 000 francs. En même temps les « sieur et dame Clavier » constituaient à leur fille une dot de 60 000 francs avec un trousseau de 2 000 francs ; ces biens lui étaient attribués sous le régime dotal. Quelques semaines plus tard, le mariage était célébré et Courier consommait la faute irréparable de sa vie.

Funeste présage d'avenir, les débuts de cette union furent malheureux. Courier n'était point homme à se plier aux exigences de la vie conjugale ; il était incapable de sacrifier à une femme son indépendance et son caprice. Quelques semaines de ménage réveillèrent en lui la nostalgie des courses aventureuses. Il y eut des discussions, peut-être des scènes ; c'est ce qu'il est facile de conclure de cette note jointe par les premiers éditeurs aux lettres de Courier : « Son caractère indépendant se plia difficilement à l'idée d'être lié pour jamais. Un beau

jour il partit, disait-il, pour la Touraine, et de fait
il y fut. Mais de là, revenant sans s'arrêter à Paris,
il alla sur les côtes de Normandie. Il y oublia mariage et famille pour se livrer encore à cette vie aven-
tureuse qu'il avait menée si longtemps. » Non
content de visiter seul Rouen, Amiens et Dieppe, il
allait s'embarquer au Havre pour le Portugal, lorsqu'une lettre touchante de sa jeune femme lui rappela qu'il n'était plus libre de se livrer à des frasques
de ce genre. Il revint alors au domicile conjugal,
mais comme à regret. Cette fugue bizarre lui ôta
peut-être la dernière chance qui restât à ce mari
trop âgé de trouver le bonheur dans une union mal
assortie : de ce jour, Mme Courier humiliée, révoltée
par des mépris qu'elle ne méritait pas, se détacha
de Paul-Louis, pour qui elle eut des secrets qu'il ne
se reconnaissait plus le droit de lui demander. Ainsi,
la froideur et la gêne régnèrent entre les époux et
l'on put dès lors entrevoir la désunion future de ce
ménage.

Cette première escapade, suivant de si près la
célébration du mariage, nous montre à quel singu-
lier original Mlle Clavier venait d'unir son existence.
Et ce qu'il y a de plus grave, c'est que Courier
jugeait ses défauts de caractère trop invétérés pour
pouvoir jamais s'en corriger. Aux conseils, aux re-
présentations de sa jeune femme il oppose cette fin

de non recevoir : « Je te répondrai moi, *ne forçons point notre talent,* c'est La Fontaine qui l'a dit. Si Dieu m'a créé bourru, bourru je dois vivre et mourir. D'ailleurs veux-tu que je te dise ? je suis vieux, maintenant, je ne puis plus changer. » C'était aussi un maître de maison bien bizarre que Courier : toutes les obligations mondaines lui étaient odieuses. Les salons l'ennuyaient à mourir. Il n'était pas « homme à tenir table, à jouer, à prendre enfin un rôle dans ce qu'on appelle société ». Dieu, disait-il, ne l'avait point fait pour cela. Des goûts studieux, l'amour sans cesse renaissant des voyages et des aventures l'absorbaient tout entier. A ces attachements peu compatibles avec la vie conjugale, ajoutons une véritable passion de l'économie qui commence à se manifester à cette époque. Regrettant probablement d'avoir négligé ses intérêts pendant trop d'années tandis qu'il flânait en Italie, voilà qu'il affiche, à partir de son mariage, un zèle pour l'argent qui surprend chez un véritable homme de lettres. A l'exemple de son père, le vieux bourgeois rapace, il cherche dès lors à se lancer dans des spéculations fructueuses, en achetant et en revendant des propriétés. Il rentre ainsi dans la tradition familiale, ses père, grand-père, oncle et tante s'étant tous enrichis comme M. Jourdain.

Ces préoccupations nouvelles l'amèneront peu à

peu à se fixer en Touraine, où il trouvera un vaste champ pour son activité. La terre qu'il possédait à Luynes ne suffisant ni à l'occuper ni à l'enrichir, il voudrait acheter un domaine très important qui pût lui offrir un placement rémunérateur pour ses capitaux. Après avoir cherché de divers côtés sans succès, il fit enfin acquisition de la belle forêt de Larçay, sur la rive gauche du Cher, entre Véretz et Saint-Avertin. Dès lors, il s'attacha chaque année, avec un soin jaloux, à vendre ses coupes de bois et à en surveiller l'abatage. Malheureusement, il ne put tout d'abord s'installer à proximité de sa forêt, faute d'un logis où il pût se « nicher ». Ce ne sera que deux ans plus tard qu'il deviendra propriétaire de la Chavonnière située à peu de distance des bois de Larçay. En attendant il devait, lors de ses séjours un peu prolongés en Touraine, venir s'établir à la Filonnière, dans la commune de Luynes. Ce fut là qu'en 1816 il trouva, d'une manière tout imprévue, l'occasion de dérouiller sa plume et de conquérir la célébrité en se faisant, dans un éloquent pamphlet, le défenseur de quelques artisans brutalement incarcérés par le gouvernement des Bourbons pour délit de « mauvaise opinion ».

CHAPITRE VI

INSTALLATION DÉFINITIVE
EN TOURAINE

COURIER avait amassé trop de rancunes contre le
gouvernement impérial pour ne pas accueil-
lir avec faveur l'établissement du régime constitutionnel des Bourbons. Comme il devait l'écrire plus
tard, il donna dans la Charte en plein. On sait que
sa famille et lui avaient assisté sans terreur à cette
transformation sociale de 1789 qui abaissait la
noblesse au profit de la classe bourgeoise ; ils
avaient vu avec joie succéder au régime personnel
de Louis XVI une monarchie où la loi et la nation
servaient pour ainsi dire de contrepoids au despotisme d'un seul.

Mais la République avec ses excès, l'Empire avec
le joug de fer qu'il faisait peser sur les citoyens
n'avaient pas tardé à rebuter Courier. Depuis le

sénatus-consulte de mai 1804, il ne cessa de poursuivre de ses épigrammes et de railler, dans l'intimité, les nouvelles institutions, la nouvelle noblesse, les façons du jour et la personne même de Bonaparte. Peu à peu, les déceptions, les froissements d'amour-propre développèrent en lui une véritable irritation contre le régime, et il en vint à détester cette féodalité militaire, où il ne voyait qu'une parodie odieuse de la vraie noblesse.

Partout où il résida, les nobles, les émigrés tenus au courant de cette hostilité le regardèrent comme un des leurs. A Toulouse, à Rennes, il était reçu, à bras ouverts, dans les salons des gentilshommes qui tenaient pour l'ancien régime. Dans ses garnisons, il n'avait guère de relations cordiales qu'avec les chefs qui conservaient les manières et la politesse un peu cérémonieuse d'avant la Révolution. D'ailleurs sa démission, donnée en 1809, parut une conséquence de ses principes et lui devint un titre sérieux à l'estime des royalistes.

Ayant repris contact avec la Touraine au début de la Restauration, il se classa tout naturellement parmi la société noble, à laquelle l'attachaient de solides amitiés et d'anciennes relations de famille. Son père n'avait-il pas possédé les fiefs nobles de Méré et du Breuil, n'avait-il pas exercé des droits féodaux tout comme les « bons seigneurs » de

jadis? L'intimité de Paul-Louis avec une famille
d'émigrés, les la Beraudière, lui ouvrit surtout les
salons royalistes, en le faisant considérer comme un
pur.

Car alors il se donnait des réunions où l'on
n'admettait qu'une société soigneusement *épurée*.
Courier en riait, mais prenait plaisir à se montrer
dans ces milieux choisis.

« Tu es de race un peu suspecte, écrit-il à sa
femme, fille d'un juge de l'Empire. On t'eût
admise à cause de moi qui suis la pureté même ;
car j'ai été pur dans un temps où tout était embrené.
C'est une justice qu'on me rend. Mme de la
Beraudière ne tarit point là-dessus. »

Ce ton railleur prouve bien que les anciens
émigrés auraient eu tort de faire fond sur les convictions de cet éternel sceptique : s'il paraît dans
leurs salons, c'est qu'il choisit ses amis selon ses
goûts du moment, sans tenir aucun compte de
leurs convictions politiques. Voilà pourquoi s'il ne
trouve à fréquenter en Touraine que des royalistes,
à Paris il a des relations parmi les libéraux,
adversaires de la monarchie. Dînant un soir « chez
un traiteur du Palais-Royal » avec des amis, il a,
mais sans conviction, « politiqué à perte d'ha-
leine ». En rendant compte de cette conversation
il se voit obligé à cet aveu : « Je ne suis d'aucun

parti. Mais comme ils ont tous raison en un certain sens, je trouve toujours moyen de m'arranger avec eux. Cependant ils m'ont appelé royaliste, et m'ont assuré que je voyais mauvaise compagnie. »

Cet indépendant, toujours ami de son repos, était donc malgré lui classé dans un parti : mais la seconde Restauration et les mesures prises pour consolider définitivement le trône des Bourbons déchaînaient des passions si violentes qu'il allait devenir impossible, même à Courier, de rester neutre et d'assister sans se trahir aux événements qui se déroulaient sous ses yeux.

Le préfet d'Indre-et-Loire Bacot dirigeait l'administration de son département dans les voies de la réaction la plus énergique contre les hommes et les idées qui avaient prévalu depuis vingt-cinq ans. Son zèle était d'autant plus fougueux que ce fonctionnaire si bien pensant avait le malheur de n'être point encore gentilhomme. Or, les circonstances semblaient favorables à un roturier pour conquérir de haute lutte un titre de noblesse, en sauvant le roi de ses ennemis réels ou imaginaires. Il sollicitait donc modestement le titre de baron, et il se flattait de s'en montrer digne en stimulant le zèle royaliste de tous ses subordonnés.

A son instigation, le maire de Luynes Delugré prit des arrêtés retentissants. C'est ainsi qu'il organisa, le jour du 1ᵉʳ janvier 1816, une étrange cérémonie destinée à frapper les esprits : il vint, à la tête de son conseil et d'un détachement de la garde nationale, assister à la crémation solennelle, sur un bûcher, de tous les attributs, tableaux, cocardes et drapeaux qui rappelaient la Révolution et le règne de « l'usurpateur ». Le buste du Roy, porté sur un brancard, semblait présider à cette sorte d'autodafé.

En se livrant à cet excès de zèle, peut-être ce maire fuyait-il seulement le danger d'être soupçonné par son préfet de « mauvaise opinion », danger terrible à cette époque. Mais, sincère ou non, cette manifestation digne d'un autre âge n'était pas sans périls dans une commune dont nombre d'habitants avaient adopté les principes de la Révolution : Luynes recélait en effet un parti d'agités qui, dès le temps de la Constituante, avaient essayé de terroriser les propriétaires aisés et avaient parlé de les « mettre à la lanterne ».

Ces turbulents s'étaient calmés sous la ferme administration de l'Empire ; mais les provocations de Delugré risquaient de ranimer le feu qui couvait sous la cendre.

En effet, trois ou quatre jours après l'autodafé du maire, François Fouquet, le plus violent ennemi de la religion et des prêtres, cherche à passer sa

145

mauvaise humeur sur le curé de Luynes. Il allait à cheval au moulin. Rencontrant cet ecclésiastique, qui conduisait un mort au cimetière, il passe près de lui le chapeau sur la tête, trotte, éclabousse le prêtre en surplis. Il allait expier cruellement cet outrage. « Trois jours après, quatre gendarmes entrent chez Fouquet, le saisissent, l'emmènent aux prisons de Langeais, lié, garrotté, pieds nus, les menottes aux mains et, pour surcroît d'ignominie, entre deux voleurs de grand chemin. »

Ce premier coup de foudre épouvanta la commune de Luynes, mais bientôt après se déroulèrent des événements beaucoup plus graves, qui ne tarderont pas à faire sortir Courier de sa réserve prudente. Le maire et le curé ont appris par leurs espions qu'on parle mal d'eux, qu'on blâme leurs rigueurs. Réunis dans certain cabaret, les « mauvais sujets », qui ont des armes, ont promis, après boire, de s'en servir contre le maire. Celui-ci révèle au préfet ce soi-disant complot.

Bacot voit en un clin d'œil tout le parti qu'il peut tirer pour ses ambitions de cette dénonciation. Il met sur pied la maréchaussée, et vingt et un gendarmes pénètrent de nuit dans le riant bourg de Luynes, cernent les maisons et arrêtent dans leurs lits huit malheureux, parmi lesquels se trouve la femme Brulon.

Ce déploiement de forces inusité, ces arrestations nocturnes, la brutalité du coup, tout cela contribua à jeter la consternation parmi les villageois. Toutefois ces faits, si étranges qu'ils paraissent, n'avaient, à ce moment, rien d'exceptionnel : Luynes présentait simplement une image en raccourci de ce qui se passait par toute la France, et les arrestations que nous venons de conter étaient conformes, sinon à la justice et au droit, du moins à la législation mise en vigueur par la Chambre introuvable. C'est pourquoi, au moment où ces malheureux furent jetés dans les cachots, nul n'aurait osé élever la voix en leur faveur. Tant que la session de 1816 ne fut pas close, le danger aurait été trop grand de prendre parti pour des individus accusés de « mauvaise opinion ».

Comme tous les libéraux de France, Courier dut se taire et demeurer spectateur impuissant de ces cruautés. Il ne rompt le silence qu'après la dissolution de la Chambre, obtenue par Decazes au moyen de l'ordonnance du 5 septembre. Après les nouvelles élections qui donnèrent la majorité aux modérés, Paul-Louis revint en Touraine.

La terreur avait cessé, la confiance était revenue : alors les langues se délièrent et on lui raconta tous les détails de « l'infâme affaire ». Alors aussi, le lettré reçut l'impression vive et pour ainsi dire la commotion des événements, si bien que sa séche-resse, son indifférence naturelle en fut secouée. « Il n'y avait pas, dit Armand Carrel, d'amour du repos et de préférence studieuse qui pût tenir à un tel spectacle chez un homme aussi impressionnable. » Notons encore ce point : ces dramatiques affaires de Luynes évoquaient vaguement dans l'esprit d'un lettré le souvenir de l'antiquité grecque. Ces arrestations brutales et arbitraires ne faisaient-elles pas penser aux Trente tyrans jetant en prison, suivant leur bon plaisir, citoyens et métèques?

Courier conçut aussitôt le plan d'une sorte de plaidoyer à la façon des orateurs attiques et, rentrant à Paris, se mit à écrire sa *Pétition aux deux chambres.* Imprimée chez Bobée, elle fut distribuée à la Chambre des députés le 24 décembre 1816. Decazes en eut aussitôt connaissance et, tandis que sa police s'empressait de la proscrire, il s'enquérait de la réalité des faits auprès du préfet de Tours. Celui-ci ne put relever aucune erreur positive dans le *factum* de Courier et se borna à justifier sa propre attitude. Ainsi l'auteur avait atteint son but : « aucune porte fermée n'avait pu empêcher d'arriver à leur adresse les vérités » de sa pétition : le ministère se trouvait, comme la Chambre, saisi de sa plainte.

Cependant Decazes, très surpris de l'audace de

Courier, se demandait si, en écrivant son pamphlet,
il avait « voulu seulement plaisanter et faire parler
de lui, ou en venir à quelque chose de plus sérieux. »
Il chercha donc un complément d'information
auprès de M. Goüin, député de Tours. Celui-ci, très
ému d'abord et très perplexe, interrogea un curé
originaire de Luynes, l'abbé Lesourd, qui précisément se trouvait de passage à Paris. Il le chargea
« de rétablir les faits » dans une lettre destinée à
rassurer Decazes.

Ce brave abbé composa donc une sorte d'apologie de l'autorité où il s'efforce de réfuter la *Pétition*. Il est curieux d'opposer cet obscur mémoire[1]
au retentissant pamphlet qui fut lu par toute la
France. En réalité, Lesourd n'infirme aucune des
allégations essentielles de Courier : il ne le reprend
que sur des détails, et il commet lui-même quelques erreurs. Les deux témoins adverses sont d'accord sur le fond de l'affaire ; mais leurs appréciations diffèrent étrangement. Au premier, toutes les
sévérités semblent justifiées, du moment qu'elles
émanent de l'autorité : il voit tout « en rose » ; le
second, beaucoup plus pitoyable, plaint ces pauvres
gens, victimes inconscientes d'événements et de

1. Il a été publié par M. Langlois dans le *Bulletin de la Société archéologique de Touraine*.

révolutions auxquelles elles ne comprennent rien. Plus rapproché d'ailleurs de la vérité historique que son contradicteur, il montre la rancune couvant dans les cœurs, et représente cette « population timide et muette des campagnes » comme toute prête désormais à se soulever contre l'arbitraire et le despotisme. Enfin cherchant, et c'est son rôle, à dramatiser les événements, il excelle à donner un éclatant relief aux faits dont la petite ville de Luynes avait été le théâtre. Malgré quelques détails altérés ou quelques omissions, Courier nous apparaît au demeurant comme plus véridique que l'abbé, dont l'optimisme suspect ou refuse de voir ou excuse sans raison les brutalités préfectorales.

D'ailleurs le public, d'une seule voix, donna raison à l'auteur de la pétition. Dans le tableau qu'il traçait des violences commises en son village on reconnut une peinture véridique de la France opprimée par une « coterie ».

Courier avait déjà déployé son talent de pamphlétaire dans ses *Conseils à un Colonel,* encore inédits à cette époque, et surtout dans sa *Lettre à Renouard.* Mais le pamphlétaire, oublié depuis lors, venait de se réveiller avec éclat ; passant de la satire individuelle à la satire politique, il avait trouvé son véritable terrain et l'on sentait déjà qu'il le foulait en maître.

Ce qui frappe dès l'abord dans ce petit écrit, c'est l'art avec lequel l'auteur a su composer son personnage. Nous savons qu'en 1816 il habitait encore Paris, ne venant à Luynes que pour ses affaires. Il y a loin de cette réalité à l'affirmation du début : « Je suis Tourangeau ; j'habite Luynes. » Pour les besoins de sa cause, il se travestit, lui fin lettré et riche propriétaire, en campagnard naïf, ignorant des affaires publiques ; de là cette déclaration : « Peu de gens, chez nous, savent ce que c'est que le gouvernement ; nos connaissances sur ce point sont assez bornées. » Mais l'on sent vite que la timidité de ce début n'était qu'une feinte : l'auteur est un rude jouteur qui excelle à décocher ses traits empoisonnés aux membres du gouvernement. N'est-ce pas la plus astucieuse des malices que de faire entendre aux ministres issus de la *Chambre introuvable* des vérités dans le goût de celle-ci : « Il y a chez nous plus de charité que de dévotion. » Comme si la vertu chrétienne par excellence pouvait exister en dehors de la foi et des pratiques religieuses ! Que devait en penser M. de Vaublanc ?

Malgré ces provocations aux collègues de Decazes, Courier ne regardait pas son pamphlet comme un acte d'opposition. Il y voyait tout au plus une plainte contre les excès de zèle d'un préfet et d'un maire. D'ailleurs, il ne se croyait point pamphlétaire pour

si peu. Ce sera le succès seul qui lui révélera le nom
d'un genre littéraire auquel son talent était mer-
veilleusement approprié ; et ce succès, il ne crain-
dra pas de l'avouer, dépassa ses espérances. « **Je**
fis, dit-il, seize pages d'un style à peu près comme
je vous parle, et je fus pamphlétaire insigne. » C'est
qu'il avait eu l'adresse, comme on l'a vu, de ratta-
cher les événements de son village à ceux qui, sous
la Terreur blanche, agitaient et épouvantaient toute
la France.

D'ailleurs, il avait trop peu d'esprit de suite pour
songer à exploiter ce premier succès et à se poser,
d'une manière définitive, en défenseur des paysans
opprimés à cause de leurs opinions. Eût-il voulu
adopter ce rôle et chercher la popularité qu'il en
eût été empêché par la maladie. En effet, en février
1817, un crachement de sang interrompit les
travaux d'érudition qu'il avait repris, et le tint longtemps entre la vie et la mort. Ses médecins l'en-
voyèrent aux eaux : toute vie intellectuelle cessa
pour lui pendant quelque temps.

Six mois plus tard, il était atteint d'un deuil, qui
paraît avoir été cruel ; la mort de Clavier, son beau-
père et son ami, l'impressionna vivement. Privé
désormais d'un tel collaborateur, il connut le découragement : il est de fait qu'à partir de cette époque
le grec tint moins de place dans sa vie : il abandonna

divers travaux commencés et, livré à lui-même, suivit davantage son humeur querelleuse et sarcastique qui lui fit écrire des pamphlets, au détriment des études auxquelles Clavier l'avait attaché.

En janvier 1818, se croyant guéri, il voulut aller seul en Touraine où l'appelaient de très ennuyeuses affaires. Repris de son crachement de sang, il fut ramené mourant à Paris. A peine convalescent, il prit la plume pour adresser à *MM. les Juges du Tribunal civil* une plainte contre un certain Claude Bourgeau, acquéreur d'une coupe dans la forêt de Larçay, qui avait abattu indûment cinq arpents de bois dans la coupe voisine. En livrant ce mémoire à l'impression, et en le faisant distribuer à tous ses voisins, il avait l'espoir de produire dans le public un mouvement d'opinion en sa faveur. Il espérait en effet retrouver la courte popularité que lui avait value, un an plus tôt, sa *Pétition aux deux chambres*; et il se flattait que la sympathie publique pour sa cause ferait pression sur l'esprit des juges mal disposés à son égard. En même temps, il cédait à la démangeaison d'écrire qui le travaillait. Mais, bien que distribué à tout venant, le mémoire de Courier n'eut point de succès : le sujet parut mesquin et n'intéressa personne. L'auteur perdit le procès qu'il avait intenté à Claude Bourgeau et fut même condamné à lui verser une indemnité.

C'était pour lui un mauvais début dans l'exploitation de la forêt de Larçay, qui constituait dès lors la source principale de son revenu, et dont il avait compté tirer de gros bénéfices. Or cette première déception fut suivie de beaucoup d'autres. En effet, à partir de l'année 1818, des affaires ennuyeuses, des procès, des vexations de toute sorte compliquent sa vie et l'assombrissent.

Sa plus grande faute, au point de vue de son repos, avait été de s'installer définitivement en Touraine. Cherchant toujours une demeure à proximité de sa forêt, il avait fini par acquérir une grosse ferme nommée la Chavonnière, que rien ne désignerait comme la demeure d'un homme célèbre. Il s'y installa en avril 1818 : alors ses tracas augmentèrent. Son vendeur le sieur Izambert s'étant réservé, pour dix ans, la jouissance d'une partie des bâtiments, ce fut bientôt une source de disputes. A la suite d'une scène, où Mme Courier fut insultée et menacée par la servante d'Izambert, Paul-Louis, prenant la défense de sa femme, ferma le grand portail de la Chavonnière et refusa de laisser rentrer Izambert qui dut, avec ses gens, aller loger à l'auberge de Véretz. Mais l'expulsé obtint du tribunal une rente annuelle que Courier dut lui payer, sans préjudice des dommages-intérêts.

Cette condamnation était assez juste : mais d'autres ennuis vinrent, à ce même moment, porter au comble l'irritation du pamphlétaire.

Comme garde de la forêt de Larçay, il avait pris le nommé Pierre Clavier dit Blondeau. Cet homme, connu pour sa dureté, était chargé de dresser procès-verbal de tous délits commis en coupant ou en ramassant du bois. Il appliqua si bien les rigoureuses prescriptions de son maître que les paysans circonvoisins, dérangés dans leurs habitudes invétérées de pillage, se vengèrent en abattant de beaux arbres dont quelques-uns furent emportés. Le garde fit sa plainte légale au maire de Véretz, le sieur de Beaune. Mais, et c'est ici que l'histoire cesse d'être banale, ce maire refuse d'exécuter la loi. Il fait plus : il trouve le moyen de prendre en faute le garde de Courier, et lui dresse procès-verbal pour port d'armes illégal et pour injures à un magistrat de l'ordre administratif dans l'exercice de ses fonctions. Il faut dire qu'il avait poussé à bout le pauvre Blondeau et l'avait brutalement menacé.

Accusé devant le procureur du roi, condamné à l'amende et à un mois de prison, l'homme est ruiné, déshonoré aux yeux des paysans. Naturellement son travail est perdu pour le maître qui le paie ; ainsi ces persécutions contre Blondeau retombent sur Courier, qui apprend, juste à ce moment, la perte du procès Izambert. Tant de soucis à la fois, tant d'acharnement, non peut-être des hommes, mais du sort, excusent l'irritation profonde du malheureux helléniste, qui, venu en Touraine pour y vivre paisiblement de l'exploitation de sa forêt, trouvait la guerre à tout bout de champ. Aigri et malade, il s'exagérait encore la gravité de ces épreuves et finissait par perdre la vue nette de la réalité. Mais quel philosophe stoïque n'eût trouvé comme lui que ce pays était « un enfer » ; et ne pouvait-il sans passer pour un maniaque écrire à sa femme : « J'ai perdu à la fois mon repos et ma santé ? »

Comme son tempérament littéraire lui faisait découvrir, à propos des moindres événements, des thèmes d'art à développer, il eut l'idée de composer sur ses infortunes une sorte de petite comédie, où il se met en scène sous le nom de Jean-Louis. Ce Jean-Louis, ancien militaire, a consacré sa fortune à l'achat d'un vignoble, auprès duquel il fixe sa résidence, croyant y jouir de la paix des champs : « Son ridicule est de s'être trompé et de trouver la guerre, et une guerre de tous les quarts d'heure, là où il venait pour goûter une tranquillité parfaite. »

Ce canevas ébauché, Courier renonçant à en tirer parti, le remit à son ami Stendhal, non sans y joindre les « aperçus les plus piquants ».

Mais avant d'arriver à cette période d'apaisement, où il peut envisager ses propres ennuis comme un sujet de roman, il avait traversé une crise de découragement où, se croyant persécuté par tout le monde, il prit le parti d'en appeler au ministre de l'Intérieur. De là son *Placet* publié le 3o mars 1819, où il contait à son Excellence toutes ses tribulations. Il fit plus : présenté par quelques amis à Decazes, il plaida sa cause de vive voix et la gagna sans peine. Il est vrai que l'heure était favorable ; c'était le moment, qui dura peu, où depuis la retraite du duc de Richelieu, la cabinet orientait sa politique du côté des libéraux. Aussi la *Pétition* pour les opprimés de Luynes, qui rendait Courier suspect aux autorités d'Indre-et-Loire, lui était un titre à la faveur des ministres comme à celle du parti libéral : chacun à Paris se faisait « un honneur et une gloire de le protéger ». C'est pourquoi Guizot lui offrit solennellement la révocation du maire de Véretz, tandis que Villemain lui promettait une lettre du ministre de l'Intérieur au préfet telle qu'il pouvait la désirer.

Cette lettre où Decazes qualifiait Courier d' « érudit célèbre », et de « savant paisible » ne désarma point l'administration locale. D'ailleurs l'enquête menée par le préfet, tout en mettant en lumière l'indignité du maire de Beaune, fut défavorable à Courier, qui ne sut point prouver ses dires. Il avait le tort, que le préfet fit ressortir, « d'avoir l'imagination vive et de parler très légèrement ».

Sur ces entrefaites, une nouvelle imprudence qu'il commit refroidit singulièrement le comte Decazes : nous voulons parler de la publication de sa *Lettre à MM. de l'Académie*. Dès lors, on ne s'occupe plus de lui : il n'est plus question de le nommer maire de sa commune en remplacement du sieur de Beaune, et ce dernier, quoique réprimandé plusieurs fois par le préfet, conserve ses fonctions, ce qui va lui permettre de prolonger le scandale de ses abus de pouvoir, et d'exercer de nouvelles violences contre quelques-uns de ses administrés [1].

Quant à Courier, décidément rejeté dans l'opposition par l'échec de ses démarches, il ne garde point rancune aux ministres, qui ont montré le désir sincère, quoique peu efficace, de le protéger

1. Pour faire connaître la moralité de ce parvenu, dont le vrai nom était Archambault-Debeaune, rappelons qu'il commit un faux en écritures publiques en faisant lire, au prône de la messe paroissiale, un prétendu extrait du jugement rendu contre Blondeau. Nous avons relevé contre lui des plaintes pour coups et blessures, car sa brutalité était inouïe. Il choisit pour victime un des plus vénérables habitants du bourg, le curé Marchandeau âgé de quatre-vingts ans. Tantôt il l'aborde, l'invective à la bouche et « il n'est pas d'exécrations dont il ne l'accable », tantôt, ne pouvant épuiser sa fureur en paroles, il tombe sur lui à coups de poings et le renverse du plus vigoureux des soufflets. Son administration souleva d'ailleurs, comme sa conduite, de nombreuses plaintes et lui valut des réprimandes préfectorales qu'il supporta mal. Mais il affichait un grand zèle royaliste !

contre ses persécuteurs. « Il faut en convenir, écrit-il dans le *Censeur,* de trois sortes de gens auxquels j'ai eu affaire depuis un certain temps, savants, juges, ministres, je n'ai pu vraiment faire entendre raison qu'à ceux-ci. J'ai trouvé les ministres incomparablement plus amis des *belles-lettres* que l'Académie de ce nom, et plus justes que la *justice.* »

On voit que la haine de Courier se partage entre les juges et les académiciens. Les premiers lui avaient fait perdre plusieurs procès, et avaient condamné en appel son garde Blondeau, malgré le plaidoyer composé par l'helléniste pour son serviteur, à la manière des logographes athéniens.

Quant à MM. de l'Académie ils venaient de refuser leurs suffrages au traducteur de Longus et de Lucius de Patras, au gendre de Clavier, à l'un des quatre ou cinq savants d'Europe qui savaient lire le grec. Les trois places vacantes dont ils disposaient, ils les avaient accordées, au mépris de l'équité et du bon sens, à trois hommes très inférieurs : Prévost d'Irai, Dureau de la Malle et Jomard. Ce dernier a été défini par Sainte-Beuve « un de ces savants véreux qui se croient quelque chose pour avoir débuté dans les bagages de l'armée d'Égypte ». Les autres n'avaient guère de titres plus sérieux au choix de l'Académie. Mais ils jouissaient tous de la double estampille de la Cour et de la Congrégation.

Le dépit de Courier était donc légitime. Par malheur, sa condition de candidat évincé, dont il fait gloire, aggrave l'indélicatesse du procédé auquel il eut recours en écrivant un violent réquisitoire contre les académiciens qui lui avaient refusé leurs suffrages. Après avoir prétendu à devenir leur confrère, il ne pouvait plus, sans grossièreté choquante, insulter, bafouer des hommes parmi lesquels se trouvaient quelques savants illustres comme Letronne, de Sacy, Quatremère de Quincy. Politesse mise à part, on peut blâmer aussi, au point de vue du goût littéraire, quelques traits décochés avec trop de passion haineuse. En beaucoup d'endroits, on regrette de ne point trouver chez Courier l'ironiste qui s'amuse, à la façon du chat qui joue avec la souris qu'il tient entre ses griffes. Il a cependant l'art d'éviter le ridicule d'une apologie personnelle, et il peut même vanter sérieusement ses titres scientifiques sans se donner l'air si piteux d'un pédant incompris ou d'un cuistre infatué de ses mérites.

S'élevant à des considérations plus générales, il montre avec finesse que ce qu'on récompense par des places destinées aux vrais savants, c'est la médiocrité prudente qui ne fait ombrage à personne. Il essaie enfin de passionner le débat en prouvant que l'Académie des Inscriptions s'est réduite à ces choix malheureux par servilité pour le gouvernement. Par là, il rentre inopinément sur le terrain de la politique que, depuis ses déceptions, il a si bien adopté qu'il ne va pas tarder à émerveiller tous les libéraux par le courage de son opposition.

A partir de juillet 1819, il publie ses *Lettres au rédacteur du Censeur*. Avant d'écrire dans ce journal, il en était lecteur assidu ; en sorte qu'il n'eut point de peine à en reproduire les idées et à en adopter le ton. Sur le fond un peu terne de cette feuille d'opposition, chaque entrefilet du vigneron de la Chavonnière se détachera vigoureusement et la page en sera comme illuminée. Mais il faut bien noter que sa collaboration vaudra moins par l'originalité des opinions ou la nouveauté des pensées que par le charme et l'éclat du style.

Certaines de ces Lettres sont d'ailleurs des réponses à des articles précédemment publiés par le journal : Courier donne son point de vue, mais en général il se conforme fidèlement à l'esprit de la rédaction.

Parmi les opinions qu'il fut le plus à l'aise pour développer, il faut noter la critique violente du régime impérial. On pourra penser que Courier manque d'à propos et surtout de générosité. Ce qu'on ne peut lui refuser, c'est la sincérité. Car, à cette époque de 1819, ce qu'il déteste le plus dans la Restauration c'est encore ce qu'elle a hérité de l'Empire. Par exemple, le personnel judiciaire étant en grande partie celui qui fut au service de Napoléon, c'est ce grand homme que le pamphlétaire rend responsable, en dernière analyse, de la brutalité qui sous Louis XVIII préside aux arrestations et aux autres actes de justice.

En somme Courier, qui haïssait l'Empire, décharge sa bile trop longtemps contenue. Il n'a pu le faire plus tôt puisque la presse n'était pas libre. Qu'on n'aille point l'accuser d'ailleurs de venir donner, lui médiocre officier, le coup de pied de l'âne au lion vaincu et agonisant. Il attaque Napoléon, cinq ans après sa chute, parce que la Restauration, tout en le haïssant elle-même, s'efforce de continuer son système despotique. « L'esprit de Bonaparte, écrit-il, n'est pas à Sainte-Hélène, il est ici dans les hautes classes. »

S'il avait visé, dès l'époque des *Lettres au Censeur*, à devenir « l'écrivain populaire de toute la France » c'eût été une singulière imprudence que de s'attaquer à l'idole du petit peuple et des soldats. Il n'y avait pas moins de témérité à faire l'éloge d'une institution mal vue et mal voulue d'un chacun, nous voulons parler de la Bande noire.

Les lettrés, les artistes, les gens de goût jetaient l'anathème à ces entrepreneurs de ruines qui achetaient des châteaux du moyen âge pour les convertir

en carrières. Victor Hugo, dans sa douleur fervente,
adressait cette apostrophe aux édifices menacés :

Témoins que les vieux temps ont laissés dans notre âge,
    Gardiens d'un passé qu'on outrage,
    Ah ! fuyez ce siècle ennemi !
Croulez, restes sacrés, ruines solennelles !

La Mennais, Chateaubriand, Dureau de la Malle
écrivent contre la Bande noire : Courier seul entreprend en sa faveur un plaidoyer cynique. Sa thèse
laisse de côté à dessein toute évocation poétique ou
artistique du passé : elle n'envisage que le point de
vue économique et social. Pour lui, les spéculateurs
flétris du public sont au contraire des bienfaiteurs
de la société, qui achèvent sans bruit et sans violence
l'œuvre de la révolution. Dans le Simple discours,
il reprendra cette idée qui lui est chère.

A mesure que se poursuit sa collaboration au
Censeur, nous voyons croître son audace. Il en vient
à manifester pour le clergé un mépris haineux que
jusqu'à ce jour il semblait n'avoir point ressenti.
C'est surtout la question du célibat des prêtres qui
lui tient à cœur. Il la traite avec une hardiesse excessive, d'aucuns diront scandaleuse. Il faut avouer
que ses idées sur ce grave sujet se ressentent trop
de la vie libertine qu'il a si longtemps menée. Avec
de tels antécédents, on admet difficilement qu'un

homme jeune et bien portant puisse observer le vœu de vivre chaste. D'ailleurs Courier a trop pratiqué Rabelais, Marguerite de Navarre, La Fontaine et tous les écrivains gaulois pour n'être pas confirmé par ses lectures dans son opinion. A l'exemple de ses auteurs préférés, il juge la bonne loi de nature bien plus sacrée que celles de l'Église. Incapable d'ailleurs de comprendre la force que le prêtre puise dans la prière, dans les mortifications, dans l'esprit de sacrifice, il ne voit guère dans le célibat ecclésiastique qu'un caprice cruel du Souverain Pontife; c'est ce qu'il exprime à satiété. Et il reviendra sur cette opinion dans sa deuxième *réponse aux anonymes* : c'est là qu'il déclare que si un adolescent, enfermé trop jeune au séminaire, souhaite d'avoir une compagne, « Dieu, les hommes, le bon sens, la nature, l'Évangile et la religion le veulent; mais le pape ne veut pas. »

On voit ainsi qu'à l'exemple des philosophes et des athées du xviiie siècle il oppose la morale naturelle à celle des prêtres et les commandements de Dieu à ceux de l'Église. Comme Voltaire et Diderot, il tient d'ailleurs les couvents pour des lieux de corruption : « détestable sottise qui se pratiquait jadis, de tenir ensemble enfermés, contre tout ordre de nature, des mâles sans femelles et des femelles sans mâles, dans l'oisiveté du cloître, où fermentait une corruption qui se répandant au dehors, de proche en proche infectait tout. »

Ces courts extraits prouvent que, dès l'époque des *Lettres au Censeur,* l'audace de ses attaques contre le clergé ne pouvait guère être dépassée. Mais le journal qui les avait accueillies n'allait pas tarder à être paralysé par des lois de réaction violente : Decazes, effrayé des progrès de l'esprit libéral, résolut de modifier la loi électorale et, pour y parvenir, il procéda à une sorte d'épuration de son ministère. L'arrivée aux affaires de MM. Roy et Pasquier imprima à la politique du cabinet une orientation contraire aux vœux des libéraux. Bientôt après, l'assassinat du duc de Berry fit élaborer contre la liberté de la presse les lois les plus sévères ; si bien qu'il ne fut plus possible à Courier de publier dans le *Censeur* ses articles virulents. Il dut les garder en portefeuille et se contenter de les faire paraître, un peu plus tard, en brochure ; car le livre pouvait encore avoir quelques audaces refusées au journal.

Parmi ces lettres, il faut signaler surtout la dernière, où l'auteur prend à partie, avec une singulière vigueur, les ministres et leurs complices, les ultras, accusés de rédiger des *Notes secrètes* à l'usage des ministres des puissances étrangères. Ce pamphlet, un des plus beaux qui soient sortis de sa plume, nous révèle un Courier tout nouveau, enfiévré par la passion politique. On voit que le dilettante, jusqu'à ce jour un peu rhéteur, s'est enfin échauffé au milieu de ce grand foyer d'effervescence qu'était la France de 1820 ; et il se montre tel que l'ont fait et les iniquités des royalistes et les griefs de la France opprimée, depuis cinq ans, par une coterie. Dans cette éloquente diatribe contre les émigrés et leurs alliés, contre la Sainte Alliance et les souverains protecteurs du trône de Louis XVIII, on ne reconnaît plus le lettré scrupuleux et timide qui hésitait devant une tournure inconnue de ses auteurs. Certes sa langue est toujours correcte et empruntée aux sources les plus pures. Mais l'inspiration l'emporte. C'est le « huron », dont parlait Charles Magnin, qui fond sur l'ennemi en poussant son cri de guerre ; ou bien c'est l'homme du peuple (Courier l'est devenu à force de vivre avec les paysans), qui invective et raille ses adversaires avec âpreté, en faisant fi des formules de politesse dont les libéraux de la Chambre ont soin d'envelopper leur opposition. Paul-Louis nous révèle, dans cette harangue, un aspect trop peu connu de son talent amer : ces pages méritent d'ailleurs de compter parmi les plus éloquentes qu'il ait écrites. Dans ses discours enflammés par le patriotisme, le général Foy n'avait pas plus de vigueur ; enfin le style de Courier est

resté bien plus jeune et bien plus vivant que celui
des plus grands orateurs de son temps.

La critique en général a beaucoup trop négligé
les *Lettres au rédacteur du Censeur* : Sainte-Beuve
ne les goûte point. Que dis-je? elles lui semblent
peu sensées. Mais Brunetière a signalé l'injustice de
Sainte-Beuve pour ceux de ses contemporains dont
la gloire l'avait offusqué. Et d'ailleurs Courier a eu
le tort grave aux yeux du futur sénateur de Napoléon III de s'affirmer dans ces *Lettres* comme « le
plus anti-bonapartiste possible ».

C'est un honneur pour Sarcey de s'être montré
plus perspicace que l'auteur des *Lundis* : il a compris le premier que c'est le journalisme qui a donné
à Courier à la fois la souplesse et l'assurance dont
étaient trop dénués ses écrits antérieurs ; et il voit
dans les *Lettres au Censeur* des pamphlets incom-
parables, où s'affirme la maturité de son talent.

Courier en 1820 est donc en possession de tous
ses moyens : quoique adversaire de la Restauration,
il la regarde comme un progrès immense sur le
gouvernement impérial, qui s'efforçait d'étouffer la
pensée. C'est pourquoi il tâche de profiter des faci-
lités nouvelles qui lui sont offertes.

Bientôt, grisé par ses premiers succès, il veut
user de son droit de voter ainsi que de son droit
d'écrire. Payant en Indre-et-Loire plus de mille

francs d'impôts directs, il y était électeur de droit ;
mais le préfet de Waters avait eu soin de l'écarter
de la liste électorale, en prétextant qu'il était domi-
cilié à Paris. Irrité de cette escobarderie, Paul-Louis
lance son célèbre factum : *A MM. du Conseil de
préfecture à Tours*. Conseillé d'ailleurs par la rédaction du *Censeur,* il fit dresser un acte de notoriété
établissant son domicile à Véretz, et il gagna aisément une cause si juste.

Après avoir pris part au vote, il raconte avec une
verve comique, dans sa deuxième *Lettre particulière,* les incidents qui ont marqué les élections de
1820 à Tours. Il nous découvre tous les dessous,
les démarches du préfet, les intrigues des royalistes ;
on le voit lui-même, le bonhomme Paul, se glisser
de groupe en groupe, recueillir les bruits, les opinions, faire le bon apôtre, opiner du bonnet aux
discours des uns ou des autres, semer l'inquiétude
dans l'esprit d'un honnête anobli, acquéreur de biens
nationaux, qui craint de restituer. Tout cela fait
songer à Pascal, tel qu'il se peint dans les *Provin-
ciales,* évoluant au milieu des Pères Jésuites qu'il
bafoue, tandis qu'ils ont l'illusion de le convaincre.
Tout cela d'ailleurs est d'un art excellent, et constitue un pamphlet plein de vie ; ou plutôt c'est une
scène de comédie animée et amusante.

Parmi les acteurs qui se meuvent sous nos yeux,

nul ne nous intéresse plus que Courier lui-même. Certes il fait le modeste : « J'étais là le plus petit des grands propriétaires, ne sachant où me placer parmi tant d'honnêtes gens qui payaient plus que moi. » Mais ne nous laissons point prendre à cette humilité.

Courier se dit, dès cette époque, qu'il représenterait mieux son département que les nobles qu'on va élire ou que le pair de France comte de Villemanzy, qui préside. Il profite donc de l'occasion pour « lancer », comme on dit aujourd'hui, l'idée de sa candidature, et pour se faire une « ingénieuse réclame » par la bouche de son compère Germain qui, dans un coin de la salle, endoctrine quelques libéraux : « M'approchant, je vis qu'il s'agissait entre eux de ce qu'on devait écrire sur ces petits billets (les bulletins de vote). Écrivez, disait-il, écrivez le bonhomme Paul, qui demeure là-haut, sur le coteau du Cher. Il n'est pas jacobin, mais il ne veut point du tout qu'on pende les jacobins ; il n'aime pas Bonaparte, mais il ne veut point qu'on emprisonne les bonapartistes : nommez-le, croyez-moi. Il sait écrire, parler ; il vous défendra bien... On l'a toujours vu du parti opprimé. Aristocrate sous Robespierre, libéral en 1815, il va être pour vous... »

C'est ainsi que « le plus petit » des électeurs

essayait tout doucement d'attirer sur son nom l'attention des propriétaires réunis pour nommer des députés. Bientôt, ses ambitions se préciseront et, en 1822, il sera candidat dans le collège électoral de Chinon ; en effet, il est disposé dès lors à combattre par sa plume, et au besoin par sa parole, le gouvernement des Bourbons. Sûr de ses moyens, il va s'engager davantage dans la bataille : une nouvelle faute des royalistes, l'acquisition de Chambord pour le duc de Bordeaux, lui réserve une grande victoire littéraire et les honneurs de la popularité.

CHAPITRE VII

COURIER DANS L'OPPOSITION

LE « SIMPLE DISCOURS ». — CONDAMNATION DE COURIER. — SA
CANDIDATURE A CHINON. — LA « PÉTITION POUR DES VILLAGEOIS ».

L E château de Chambord avait servi de dotation
à Berthier, auquel Napoléon donnait encore
5oo ooo francs par an à la condition d'entretenir et
de restaurer cette royale habitation. Mais, après la
chute de l'Empire et la mort du prince de Wagram,
sa veuve, privée de la rente annuelle, ne put remplir la clause d'entretien et de restauration. Dès
lors, le bruit commence à courir que ce domaine
immense va tomber aux mains de la Bande noire. En
effet, le ministre des Finances avait conçu le projet
de reprendre la terre et le château de Chambord, et
après avoir tout vendu en détail, de constituer, avec
le produit de ces ventes, un majorat, en rentes sur
l'État, au profit des héritiers mâles de Berthier.

Ce projet était en voie d'exécution et déjà les

affiches annonçant les enchères publiques étaient
commandées à un imprimeur de Blois, lorsque
quelques amis du trône, dont M. de Calonne, imagi-
nèrent d'acquérir par souscription le château menacé
« pour en être fait hommage, au nom de la France,
à Monseigneur le duc de Bordeaux ».

A peine un premier appel eut-il été adressé, par
la voie des journaux, aux particuliers et aux communes que de nombreux dons volontaires commencèrent à être versés dans les caisses de l'État.

Au début surtout, un véritable élan national
seconda les projets des organisateurs de la souscription ; c'est pourquoi, longtemps avant d'avoir réuni
la totalité des fonds nécessaires, ils s'empressèrent
d'acheter le château. Dès le 7 mars 1821, c'était
chose faite.

Ainsi, grâce à l'initiative de M. de Calonne et de
ses amis, Chambord échappait à la Bande noire qui
déjà le guettait.

Mais que devait penser de ce sauvetage imprévu
Courier, l'ennemi des fiefs et des grands domaines
ayant appartenu à la noblesse ?

On sait avec quelle faveur partiale il suivait les opérations des spéculateurs qui détruisaient ces forteres-
ses féodales « terreur séculaire du plat pays ». C'est
ainsi qu'il signale comme un heureux événement la
vente des châteaux de Chanteloup et des Ormes.

Cette dernière terre appartenait à d'Argenson, ami de Paul-Louis, gentilhomme démocrate et socialiste, l'un des esprits les plus avancés de l'époque. Encourager la Bande noire en traitant avec elle, faciliter ses affaires, était donc de règle pour un « libéral » ardent et convaincu. C'était comme une façon de signifier publiquement son mépris pour l'ancien régime ; et, de son côté, nous voyons Paul-Louis mettre ses actes d'accord avec ses déclarations en négociant un achat avec cette société d'accapareurs. Il se rend acquéreur, en 1822, d'un morceau des terres de la Borderie partagées entre douze « paysans ».

Animé de si favorables dispositions pour la Bande noire, il déplore qu'elle ne puisse conclure la magnifique opération de Chambord. Il est donc du parti des vandales ; mais il est surtout du parti opposé à la monarchie et à la cour. Ne suffit-il pas que l'idée d'offrir ce royal présent à « l'enfant du miracle » comble de joie les courtisans pour qu'aussitôt Courier songe à protester?

Il fut d'ailleurs invité officiellement à donner son avis au sujet de la souscription, et voici dans quelles conditions.

Le Conseil municipal de Véretz dut se réunir pour en délibérer ; or, toutes les fois qu'on avait à voter des charges nouvelles, on faisait « l'adjonction » aux membres du conseil des citoyens les plus imposés de la commune, et Courier était convoqué à ce titre. Quoique ennemi juré du maire, il répondit à plusieurs de ses convocations.

Il avait donc, en sa qualité de gros contribuable, un avis à émettre. On sait avec quelle énergie il motiva son refus de souscrire, en publiant un pamphlet. Comme il ne s'agissait pas d'un impôt forcé mais d'un don volontaire, le ministère public devait lui reprocher amèrement d'avoir voulu par pure malveillance contrarier la souscription et « glacer l'élan des cœurs ». Mais lui, s'en défend à bon droit. « Je ne souscrirai pas, sans doute, si je ne veux : je ne cours aucun risque, en ne souscrivant pas, d'être destitué. Mais je paierai pourtant si ma commune souscrit; je paierai malgré moi, si mon maire veut faire sa cour à mes dépens. »

Il ne paya point, car les finances de la commune de Véretz se trouvèrent en si mauvais état qu'il n'y eut point de fonds disponibles pour cette libéralité. Il se rencontra d'ailleurs parmi les membres du conseil bon nombre de gens qui, sans oser dire tout haut leur avis, pensaient secrètement comme le pamphlétaire qu'elle était inopportune. Voilà pourquoi Courier se fait hardiment leur interprète et, développant son opinion, imprime le « discours » qu'il est censé leur tenir. C'est ce qu'indiquent et le début même du pamphlet et ce titre : *Simple discours de Paul-Louis aux membres du Conseil de la commune de Véretz.*

Ce qui fait la portée de ce petit écrit, et explique le retentissement qu'il eut aussitôt, c'est l'expression éloquente de sentiments qui étaient ceux de tous les libéraux de France au sujet de la souscription proposée par les amis du trône. On y trouve les griefs, les craintes et les défiances d'une partie de l'opinion : Courier excelle à les interpréter; on reconnaît d'ailleurs, au milieu de tout cela, ses propres tendances utilitaires, son amour de la terre, son culte pour la rustique charrue et « l'ignoble bêche », et enfin sa haine foncière de la noblesse.

Toutes ces idées pratiques et aussi toutes ces préventions injustes font partie intégrante de sa mentalité; elles sont le résultat de son éducation, de ses souvenirs, de ses réflexions. Il les a déjà retournées en tous sens, et voilà pourquoi il excelle à les présenter dans un jour si lumineux. Les admirables *Lettres au rédacteur du Censeur* ont servi de crayons au peintre du *Simple discours*. Déjà, il avait célébré les bienfaits de la Bande noire, stigmatisé les courtisans, flétri les mensonges, les intrigues, les manèges honteux qui ont pour théâtre les antichambres des rois. Il avait montré les femmes de Cour trompant leurs maris pour faire la fortune de leurs maisons, enfin il avait dit les labeurs éternels de l'ambitieux qui « mendie en carrosse à six chevaux », qui « jamais ne dort » et qu'aucune besogne ne rebute.

Ainsi, depuis longtemps il aiguisait ses armes de pamphlétaire et l'incident nouveau de l'acquisition de Chambord le montrait prêt à combattre victorieusement la monarchie de droit divin, et ses favoris.

Au milieu d'une mêlée comme celle où il s'engage, la modération n'est plus de mise ; aussi voyons-nous ce lettré, jadis sceptique, céder désormais à une passion violente et, pour ainsi dire, enragée. C'est au point que la colère risque de lui faire perdre ce sens parfait de la mesure auquel il a jusqu'alors eu le bon goût d'obéir. On peut trouver que les imprécations contre les nobles occupent trop de place dans le discours.

Au lieu de pousser si loin sa charge, n'aurait-il pas dû insister, par exemple, sur les embarras des communes ruinées par l'invasion. Mais montrer les ruines accumulées en France par les cosaques de Sacken ou de Platow ç'eût été du simple bon sens. Il faut autre chose dans un pamphlet. Il y faut du « poison », et Courier en verse à pleines mains.

Par là, le succès devait être grand. Il fut tel, qu'il dépassa de beaucoup les prévisions et les espérances mêmes de l'auteur.

Cette gloire littéraire qu'il cherchait depuis des années, d'abord mollement, puis avec une ardeur grandissante, son exquise traduction de *Daphnis et Chloé* n'avait pu la lui donner. Les *Lettres au Censeur* avaient seulement appris son nom aux libéraux, lecteurs assidus des journaux d'opposition : mais le *Simple discours* allait, en quelques semaines, lui conférer cette forme éclatante et délicieuse de la gloire qui s'appelle la popularité.

Pourtant ce pamphlet avait failli manquer d'à propos ; en effet l'acquisition de Chambord avait été menée avec tant de célérité que Courier, disposé à protester, s'était laissé devancer par les événements. On l'engageait à se presser, mais il écrivit lentement son *factum,* « avec ce soin achevé qui fait de ses moindres pamphlets des modèles de style en même temps que des ouvrages si piquants. » Puis il le porta lui-même à Paris au mois d'avril, et lorsque l'ouvrage sortit des presses de Bobée, Chambord était acheté depuis près de deux mois.

Mais personne ne signala l'anachronisme, et le succès fut d'autant plus éclatant que cette publication coïncidait avec le baptême du duc de Bordeaux. Courier, transporté d'aise, écrivait à sa femme : « Tu ne peux pas imaginer cela ; c'est de l'admiration, de l'enthousiasme, etc. » Tous les libéraux, tous les constitutionnels, y compris Gouvion-Saint-

Cyr, font fête à l'auteur et le portent aux nues. On songe à le pousser vers la politique, à faire de lui un député. Mais il est convaincu que ce serait pour lui « un malheur ». Il se rend fort bien compte que la politique ne lui convient pas et que lui-même aurait peu de chances d'être élu, « car je crois, dit-il, que je ne conviens à aucun parti ».

Toutes les personnes qu'il rencontre lui expriment leur « enthousiasme de sa brochure » ; mais ce qui le touche le plus, c'est l'opinion des connaisseurs, qui jugent le pamphlet du point de vue littéraire, et vantent « la beauté de l'exécution ». Deux personnes MM. Dubost et Étienne lui ont dit « que cette pièce est ce qu'on a fait de mieux depuis la révolution ». « Ainsi, déclare-t-il avec joie, j'ai atteint le but que je me proposais, qui était d'emporter le prix. »

C'était un triomphe d'autant plus enivrant que l'auteur avait vécu jusque-là confiné dans l'isolement et dans l'obscurité de la Chavonnière, loin du bruit et de la renommée. Mais ce fut surtout le gouvernement, bafoué dans le *Simple discours,* qui se chargea d'assurer à Courier une gloire retentissante et durable en le traînant devant la cour d'assises. Dès le mois de juin, le parquet de la Seine se met à éplucher la brochure afin d'y trouver matière à condamnation. Courier, qui en est informé, ne fait que s'en réjouir et il écrit à sa femme : « Tout cela ne peut manquer, je crois, de bien tourner pour nous. Tu m'entends. » Cependant le temps passe et rien n'arrive. Courier va-t-il en être réduit, comme Lenglet-Dufresnoy, à s'écrier avec dépit : « Hélas ! mon pamphlet est en vente depuis un mois, et la lettre de cachet n'arrive pas. »

Il n'avait pas quitté Paris, où il occupait, rue d'Enfer, le modeste appartement de Victor Cousin. Sa chambre était « un grenier ayant vue sur le Luxembourg ». C'est là qu'en attendant les événements il retouchait sa traduction de *Daphnis et Chloé* en vue d'une troisième édition.

Enfin, le ministère public se décide à lancer contre lui cette triple accusation :

Courier a offensé le roi ;

Courier a provoqué à l'offense du roi ;

Courier a outragé la morale publique et religieuse.

Au cours de l'instruction qui fut ouverte, les deux premiers délits énoncés sont prudemment écartés et l'on ne retient que l'outrage à la morale publique, expression vague qui offre l'avantage de ne rien exclure en ne désignant rien.

Avant de quitter Paris, où il séjournait depuis le mois d'avril, Paul-Louis fit choix d'un avocat ; il s'adressa à M⁰ Berville « causeur élégant plutôt qu'orateur de la barre », selon le mot d'un de ses confrères ; puis, enhardi par le succès de son pamphlet, il composa un nouveau factum, de quatre pages seulement, intitulé : *Aux âmes dévotes de la paroisse de Véretz*. Cette satire de la noblesse, qui paraît aggraver encore la violence du *Simple discours*, a pour but d'expliquer les intentions de l'auteur. Oui, il attaque et méprise la valetaille qui rampe au pied du trône ; mais il aime et il loue « les princes nés princes ». Ceux-ci « sont les seuls bons, aimables, avec qui l'on puisse vivre ». Au fond il y a donc de la prudence dans cet écrit.

Comme la session des assises n'avait lieu qu'au mois d'août, Courier, avant d'y comparaître, vint se retremper dans l'air vivifiant de ses coteaux du Cher. Tout en parcourant ses champs et ses bois, il composait et se récitait à lui-même un morceau qu'il avait l'intention de débiter devant la cour appelée à le juger. Malgré son vif désir d'essayer son talent oratoire, et de juger « de l'effet qu'il pouvait produire sur une assemblée », il céda aux conseils de Me Berville et renonça à prononcer cette harangue *pro domo sua*. En retour de ce sacrifice, toujours pénible pour un auteur, on lui faisait espérer un acquittement.

Courier est retourné à Paris, où il occupe de nouveau le logis du philosophe Cousin. Le grand jour du jugement est enfin arrivé : Tous les amis de

Paul-Louis assistent à l'audience, s'y pressent, s'y écrasent au milieu de la foule de ceux qui, sans le connaître personnellement, l'admirent pour son talent, pour la belle audace de son pamphlet.

Au cours de l'interrogatoire que lui fait subir le président, l'inculpé se défend pied à pied, discute, incrimine la noblesse de race, cite des noms et des exemples, de manière à justifier ses accusations. Il se sent soutenu par la faveur du public ; à chacune de ses réponses, s'élève de l'auditoire un murmure approbateur qui peu à peu se change en applaudissements. Le président est obligé de menacer de faire évacuer la salle.

Enfin, l'on entend le réquisitoire de l'avocat général de Broë. Ce morceau, qui fut lu, était du style le plus déclamatoire, le plus faux, le plus impropre. Certes, on conçoit qu'un puriste comme Paul-Louis se soit égayé aux dépens du solennel et prétentieux magistrat, dont le style ampoulé et le ton dithyrambique, quand il s'agit du duc de Bordeaux, sont au fond les moins graves défauts. Le pire, c'est que son argumentation manque de base, car il ne daigne descendre, et pour cause, à l'examen des questions de textes ou de fait. Il faut pourtant qu'une condamnation s'appuie sur un texte de loi précis ; or celui qu'il propose d'appliquer ne convient point à l'écrit poursuivi.

Mᵉ Berville plaida avec éloquence, discutant point par point les prétentions du ministère public. Mais malgré la faiblesse, ou plutôt malgré la nullité de l'accusation, de Broë avait convaincu le servile jury, qui, à l'unanimité, déclare l'accusé coupable. En conséquence, Courier s'entend condamner à deux mois de prison et à deux cents francs d'amende.

Si la liberté d'écrire était concédée aux Français par la charte, l'existence du jury pouvait seule être la garantie de cette liberté ; car le meilleur juge pour les délits d'opinion doit être l'opinion. Mais voilà qu'au rebours du bon sens, c'est le jury lui-même qui, au nom de l'opinion, condamne la liberté de la presse et fait emprisonner les écrivains. Berville constate avec raison que l'on traîne sur les bancs de la cour d'assises et que l'on enferme à Sainte-Pélagie les auteurs les plus distingués : Béranger, Étienne, Cauchois-Lemaire, Paul-Louis Courier. Ainsi, comme le criait à la tribune M. de Girardin, les jurés ne sont plus que les membres d'une commission politique, et ils constituent la plus heureuse invention dont on se soit jamais avisé pour le despotisme.

Mais toute condamnation dictée par la passion politique ou par l'esprit de parti a pour effet de conférer une sorte de prestige à ceux qui la subissent. Souvent la prison leur donne une gloire qu'ils au-

raient vainement cherchée loin des persécutions :
cet avantage, rien ne pouvait désormais en frustrer
Courier : en sortant du Palais, au milieu d'une foule
enthousiaste, il put juger immédiatement du « grand
effet de sa drogue » et de l'immense succès que lui
valait le verdict des jurés parisiens. On se pressait
autour de lui, on voulait le voir, lui parler, serrer
sa main. Paul-Louis, à son habitude froid, positif,
peu liant, peu communicatif, ne comprenait rien à
ce délire ; surtout il était surpris d'éprouver si peu
de joie à la vue de ces démonstrations. Dès le lendemain, n'écrivait-il pas à sa femme : « Je devrais être
ivre de louanges et de compliments ; j'en ai reçu
hier à foison de toute part. Je m'étonne moi-même
du peu de plaisir que cela me fait. »

Il mourait d'impatience de se retrouver à la Chavonnière entre sa femme et son petit Paul, car il
avait un fils né le 30 septembre 1820, un jour plus
tard que le jeune duc de Bordeaux ; pourtant il se
fit violence et resta quelque temps à Paris pour ache-
ver le *Procès de Paul-Louis Courier,* nouveau
pamphlet destiné à prolonger le retentissement de
son affaire et à bafouer les jurés et magistrats qui
l'avaient condamné. Ce fut surtout l'honnête mais
maladroit avocat général qu'il livra au ridicule : il tra-
hit bien ses intentions satiriques en appelant cet opuscule mon *de Broë.* D'ailleurs, il a recours à ces mêmes

procédés d'exécution sommaire dont il s'était servi contre del Furia. Comme le bibliothécaire de Florence avait été traité de cuistre et d'âne, ainsi de Broë, pour la lourdeur de son style, est comparé à un cétacé :

D'aise on entend sauter la pesante baleine.

Sa langue est qualifiée de *baragouin*, de patois. Courier se défend : comme accusé lui refusera-t-on le droit de maudire son juge, comme pamphlétaire lui contesterons-nous l'usage de l'ironie la plus mordante ?

Après avoir passé quelques semaines dans sa famille et mis ordre à ses affaires, Paul-Louis revint à Paris et, décidé à subir sa peine, retira son pourvoi en cassation et se fit écrouer à Sainte-Pélagie. Le régime de la maison était assez doux. « On y est fort bien, écrivait-il à sa femme ; on ne manque de rien ; on voit du monde, on reçoit des visites du dehors plus que je n'en voudrais. » D'ailleurs il reçut en foule témoignages de sympathie et d'admiration. Ses amis de la politique ou des lettres, le député Manuel, le colonel Fabvier, Viollet-le-Duc, venaient le visiter. Après leur départ, il ne trouvait même pas la solitude qu'il aurait désirée pour ses travaux, car il préparait son édition des *Pastorales de Longus*, qu'il voulait enrichir d'une foule d'expressions archaïques empruntées à Rabelais, Brantôme, Bonaventure Despériers. C'étaient tantôt Cauchois-Lemaire, tantôt Béranger, incarcérés comme lui, qui venaient le relancer dans sa cellule. Souvent il dînait avec le chansonnier, qui imprimait alors un nouveau recueil de ses refrains populaires, et qui récolta de nouveaux mois de prison.

Quant à Courier, quoique fêté comme un héros de l'indépendance nationale, il s'estima heureux de sortir de Sainte-Pélagie à l'expiration de la peine qu'il venait de purger. C'est que, comme il l'observe, dans son métier de cultivateur, cela ne vaut rien d'être deux mois entre quatre murs. Les affaires vont assez mal à la Chavonnière, où tout a souffert de l'absence prolongée du maître, car Mme Courier, chargée à sa place de diriger les domestiques, n'est pas aussi habile qu'il le dit à défendre ses « intérêts temporels ». Dépensière et amie du plaisir, elle s'ennuie à la campagne, ne prend goût à rien, achète de droite et de gauche, fait des dettes dont son mari ne se doute pas. D'ailleurs elle vit très isolée, ne voit presque aucune personne de son monde, et finit par se familiariser avec ses domestiques, auxquels elle en viendra bientôt à accorder de scandaleuses privautés.

Rentré dans ses foyers, et rendu à sa retraite studieuse, Paul-Louis n'avait donc aucune envie de braver à nouveau les procureurs du roi. Il se promit d'être prudent, délaissa la politique et revint aux études grecques un peu négligées depuis la mort de Clavier.

En sortant de prison, il avait eu le plaisir de pouvoir distribuer à ses amis la nouvelle édition de *Daphnis et Chloé*, imprimée avec beaucoup de soin par Corréard, et précédée de la *Lettre à Renouard* dont la lecture devait rappeler au public le souvenir un peu effacé de la fameuse tache d'encre faite au manuscrit de Florence.

Peu de temps après ce pastiche du style d'Amyot, il lançait un *Prospectus d'une traduction nouvelle d'Hérodote*, précédé d'une curieuse préface. Il estime, dit-il, qu'on doit traduire ce vieux conteur dans la langue de nos chroniqueurs du xive et du xve siècle ; en effet, il a tant de rapports avec eux qu'il n'a peut-être pas écrit une phrase, « sans excepter la plus gracieuse et la plus belle, qui ne se trouve en quelque endroit de nos vieux romanciers ou de nos premiers historiens. On l'y trouvera, mais enfouie comme était l'or dans Ennius, sous des tas de fiente, d'ordures ». Cette ressemblance, si frappante suivant Courier, tient surtout à ce que la langue d'Hérodote est poétique ; voilà pourquoi on ne saurait la rendre qu'en employant « une diction naïve, franche, populaire et riche, comme celle de La Fontaine ».

Telle est la thèse : mais si l'on y relève nombre de vérités de détail, n'est-ce pas une erreur que d'assimiler l'époque des premiers conteurs grecs à notre moyen âge? Villemain a combattu cette opinion avec finesse ; ses critiques se résument ainsi : « Les temps décrits par Hérodote étaient poétiques : les nôtres étaient barbares... Notre moyen âge avec sa grossièreté bourgeoise, ses serfs, ses corporations de métiers, ses hommes d'armes et son commun peuple, ses savants et ses tribunaux qui parlaient latin, n'est pas fait pour rendre le langage simple mais poétique, les tournures élégantes et pittoresques d'un historien formé par Homère et qui formera Thucydide. » Bref, pour Villemain rien ne ressemble moins qu'Hérodote « à l'élocution inculte de nos chroniqueurs ».

Plus vives encore furent les critiques de Letronne. Mais l'auteur du *Prospectus* ne fut point convaincu ; et il maintint son avis contre ces deux hellénistes éminents. En revanche, il pouvait se glorifier de l'approbation de Victor Cousin, traducteur de Platon, bon juge par suite en la matière. « Tâchez, lui écrivait Paul-Louis, de dire un mot là-dessus dans quelque journal. ... Soutenez le parti de la bonne foi, en cela comme en tout le reste. »

Féru de son vieux français, qui lui confère une véritable originalité, il admirait fort sa traduction d'Hérodote, et avec cette franchise naïve, dont il a donné tant de preuves, il ne craignait pas de la louer lui-même dans les journaux. C'est ainsi qu'il fait passer dans le *Constitutionnel* une petite note destinée à la recommander aux lecteurs : « Parlez un peu dans vos feuilles de ma belle traduction d'Hérodote, fort belle suivant mon opinion. » Et il profite de l'occasion pour prévenir le public en faveur de son *Longus* déjà imprimé, et d'une autre publication projetée, à savoir l'édition des *Cent nouvelles nouvelles,* à laquelle il travaille avec Merlin, jeune libraire fort instruit. Malheureusement Courier n'acheva jamais le travail qu'il annonçait ainsi. Ses notes, demeurées informes, n'ont pu être publiées après sa mort, et elles se sont égarées.

Toutefois, ces études sur la vieille langue, poursuivies depuis de longues années, ne devaient pas être perdues pour lui ; de la syntaxe du xvie siècle, il gardera une certaine liberté dans la façon de construire sa phrase. Sa manière d'écrire y gagnera une originalité, une saveur archaïque tout à fait remarquable ; et sa prose prendra désormais, même quand il traite des sujets d'actualité, un air de bonhomie antique et de franchise gauloise.

Ainsi, après l'éclatant succès du *Simple discours*

qui a fait connaître son nom à toute la France, le pamphlétaire, rendu à la tranquillité de ses champs, ne rêve que gloire littéraire. Mais il n'a plus le droit de se dérober, de trahir les espérances du parti libéral, qui compte l'opposer, lors des prochaines élections, aux royalistes de son département.

Son opposition à la souscription pour Chambord constitue, quoiqu'il en pense, un acte politique, et le gouvernement, pas plus que ses amis, n'est disposé à en perdre la mémoire. Depuis l'avènement du ministère de Villèle, les incessantes tracasseries de la préfecture lui ferment tout retour en arrière. Dans les rapports de police, que sans cesse on adresse à Paris, ce lettré incapable de descendre dans la mêlée devient un « individu séditieux » et même un « homme taré ». En revanche, les libéraux les plus en vue, La Fayette, Voyer d'Argenson lui tendent la main et l'appellent au combat. Hélas ! le temps est loin où il pouvait écrire, avec une satisfaction béate : « Je ne suis d'aucun parti. » Les élections de 1822 approchaient : il accepta la candidature qu'on lui offrait dans le collège électoral de Chinon et de Loches. Dès lors, le préfet d'Indre-et-Loire, pour faire sa cour à M. de Villèle, se mit à le surveiller avec un soin plus inquisitorial. Le président du conseil était bien décidé à exercer sur les électeurs une pression sans limites : aussi chacun de ses collaborateurs dut transmettre aux agents dont il avait la direction des circulaires les invitant à faire preuve d'un zèle absolu pour les intérêts de la monarchie légitime. En conséquence les magistrats furent engagés à « user sans réserve comme sans scrupule de leur ascendant pour faire échouer ces projets criminels », c'est-à-dire le projet de nommer un libéral ; pendant ce temps, à Chinon où devait avoir lieu le scrutin, le sous-préfet faisait des dépenses considérables pour héberger dignement ceux des électeurs bien pensants qui n'étant pas de la ville avaient dû se déplacer.

Enfin les efforts du gouvernement furent couronnés de succès : le corps électoral, dûment « cuisiné », ratifia le choix, fait par les ministres, du comte Ruzé d'Effiat, maire de Chinon. On l'avait désigné, par surcroît de précaution, comme président du collège qui devait l'élire. Mais, ce qui est plus surprenant, c'est que, sur 380 votants, ce favori de M. de Villèle n'obtint que 222 suffrages, tandis que 133 voix se portaient sur le nom de Courier[1].

Battu, fort honorablement comme on le voit, le pamphlétaire eut l'esprit « de paraître accepter de

---

1. Ce sont les chiffres officiels que nous avons relevés aux Archives. Cependant le bureau du comte d'Effiat accordait à Courier 160 voix.

bonne grâce sa défaite[1] » ; il faut en conclure qu'il n'avait pas pris fort à cœur cette élection. Mais s'il regretta peu de n'être pas élu, il fut choqué, avec raison, de la violence brutale avec laquelle l'avait combattu le gouvernement. Il ne lui pardonnera pas cette nouvelle preuve de malveillance et de haine. Sa rancune assoupie va se réveiller, et lui fera même oublier la prudence dont, depuis sa sortie de prison, il avait soin d'entourer tous ses actes.

Qu'une occasion se présente donc et il se vengera. Or cette occasion ne pouvait manquer. On était à une de ces époques trop fréquentes de notre histoire où la faction régnante semble prendre à cœur d'exaspérer les colères de ses adversaires, en multipliant les actes arbitraires, les faits d'influence iniques, en prodiguant aux uns les faveurs et les encouragements, aux autres les menaces et les persécutions. Depuis l'arrivée aux affaires de MM. de Villèle, de Montmorency et Corbière, le parti ultra-royaliste et religieux ne cachait plus son rêve de domination. Il affirmait son triomphe par les mesures les plus impopulaires : c'est l'époque où, pour mieux brider l'Université, on lui imposait comme grand maître l'abbé Frayssinous, choisi parmi les

---

1. Desternes et Galland, P.-L. Courier électeur et candidat, dans la *Revue politique et parlementaire.*

prêtres les plus dévoués à la Société de Jésus. Fort
de l'appui du ministère, le clergé fait preuve dès
lors d'une intolérance en complet désaccord avec
les idées et les habitudes de la génération nouvelle.
Pendant que les congrégations, non reconnues par
l'État, multiplient impunément leurs maisons, pendant que les missionnaires vont stimuler par toute
la France le zèle religieux, tandis qu'on plante des
croix pour perpétuer le souvenir de leurs retentis-
santes prédications, les simples desservants de village
annoncent en chaire l'intention de réformer les
mœurs de leurs ouailles et de les obliger à rompre
avec un passé odieux. Beaucoup sans doute n'étaient
animés que de la passion du bien, et déclaraient la
guerre aux vices qui avaient pu trop longtemps s'en-
raciner dans les âmes par suite de la suppression du
culte et de la perte de la foi chrétienne. Mais la
plupart des jeunes prêtres (et le clergé de la Restauration était surtout composé de débutants), manquaient d'expérience et de mesure[1]. Le plus souvent,
ils ne savaient distinguer le mal des apparences du
mal. C'est ainsi qu'au lieu de permettre les distractions aux jeunes paysans, ils auraient voulu changer

---

1. Cherchant à les défendre à la tribune, l'abbé Frayssinous, devenu évêque et ministre des affaires ecclésiastiques,
dut reconnaître qu'ils manquaient d'expérience et fit cet aveu :
« Ils sont encore trop jeunes pour être indulgents ».

chaque village en « un sombre couvent de la Trappe ».
La danse par exemple, bien qu'innocente en soi,
leur parut ouvrir la voie aux plus coupables excès.
Ils s'attaquèrent avec passion à ce divertissement,
contre lequel ils pouvaient invoquer la loi du 18 novembre 1814 sur l'observation des dimanches et
fêtes ; sollicités par eux les préfets prenaient, dans
beaucoup de départements, des arrêtés pour pro-
hiber toutes distractions profanes à l'heure des offi-
ces. Il suffisait donc d'un prêtre jeune et rigoriste
pour priver les villageois d'un plaisir qui, dans certaines régions, leur était cher entre tous.

C'est ce qui arriva dans la commune limitrophe
de celle où vivait Courier, à Azay-sur-Cher. L'abbé
Bruneau, récemment sorti du séminaire, fit interdire la danse sur la place publique et exigea la fer-
meture des cabarets voisins où, entre deux tours de
valse, les jeunes gars du pays allaient manger une
omelette au lard arrosée de quelques verres du bon
vin blanc de Touraine. Ce fut une petite révolution
au village : le conseil de la commune s'en mêla et,
pour témoigner au desservant son déplaisir de lui
voir bouleverser les habitudes du terroir, il sup-
prima, à l'unanimité, le supplément de traitement
qu'on avait coutume de lui voter.

Certes, ce sont là de bien menus incidents, qui
se produisirent dans d'autres communes d'Indre-et-

Loire, et surtout dans celles où l'archevêque avait installé de jeunes prêtres formés au séminaire de Tours par un frère de Picpus, célèbre pour sa rigueur et sa haine de la société issue de la révolution. Mais ces faits, si peu dignes d'occuper la postérité, sont venus jusqu'à nous ; car Paul-Louis, en censeur rigoureux, veillait, notait, critiquait, désireux avant tout d'être désagréable au gouvernement et de rendre, pour ainsi dire, œil pour œil et dent pour dent au ministère partial et autoritaire qui l'avait si brutalement combattu aux élections de Chinon. Et notez bien qu'il ne s'attaque au clergé que parce que le pouvoir protège et couvre en toute occasion les curés. Le pamphlet spirituel et éloquent qu'il compose alors n'est guère que le développement de cet axiome, qui lui est si cher : « Rien ne fait tant de tort aux prêtres que l'appui du gouvernement. » Il l'intitule *Pétition pour des villageois que l'on empêche de danser*. Mais cette pétition ne fut point déposée sur le bureau de la Chambre, comme celle qu'il avait écrite à propos des arrestations de Luynes. Elle ne s'adresse qu'aux lecteurs ; à quoi bon en effet faire appel à la justice de législateurs en majorité hostiles ? Quand on est célèbre, comme désormais l'était Paul-Louis, quand on a pour soi l'opinion, il est plus habile de prendre directement le public pour arbitre et pour juge.

La grave question qu'il lui soumettait en somme, c'est celle du repos dominical et, s'il fait preuve de hardiesse en abordant ce sujet, il faut avouer aussi qu'il l'éclaire par une idée neuve, analogue à celles que développait de Barante dans son livre *des Communes et de l'aristocratie*. C'est une observation historique : les paysans, remarque-t-il, ne sont plus les serfs du moyen âge, attachés à la glèbe. Par suite, elle est de nos jours un anachronisme la loi qui, dans l'intérêt de ces derniers, prescrivit le repos du dimanche. Elle fut bienfaisante alors et le travailleur y trouva son compte : « Il n'était saint que la gent corvéable ne chômât volontiers ; le maître seul y perdait, obligé de les nourrir, qui sans cela les eût accablés de travail. » Mais ce commandement de l'Église se retourne contre nous depuis, « qu'affranchis peu s'en faut nous ne saurions chômer qu'à nos propres dépens ».

Courier compose alors, avec force et vérité, le tableau qui lui est cher du paysan, nouvel enrichi, « ivre encore, épris, possédé de sa propriété ». Il nous montre le Tourangeau, formé par la révolution, positif, intéressé, plus attaché à la terre qu'il cultive, au gain qu'il amasse sou à sou, qu'aux espérances futures que ses pasteurs s'efforcent de lui faire entrevoir. Cette peinture réaliste devait déplaire à tous les partisans de l'ancien régime ; d'autant que l'auteur donne trop évidemment raison aux villageois émancipés du joug de l'Église.

Pourtant Courier prend ici quelques précautions pour éviter la cour d'assises et la prison : il a soin, selon l'expression singulière de l'avocat général de Broë, de placer par-ci par-là des *parachutes*. C'est ainsi que, loin de dénigrer tous les ministres du culte catholique, il couvre d'éloges et le curé Guerry, ancien desservant d'Azay, et Marchandeau le vieux pasteur de Véretz. Dira-t-on qu'il ne pense pas ce qu'il dit de ces excellents prêtres? Pour notre part, nous le croyons aussi sincère dans l'apologie de leurs vertus, que dans la critique des jeunes abbés intransigeants. Il sait faire des distinctions équitables; peut-être n'aurait-il pas montré sur tous les sujets une pareille modération. Ainsi, dans le *Simple discours*, nous l'avons trouvé bien plus enragé contre la noblesse, qu'il flétrit sans atténuations, sans nuances; et contre *Messieurs de l'Académie* quelle violence de langage n'a-t-il pas déployée? On sait que Courier en colère ignore la mesure. Mais contre les prêtres en général il n'a aucune haine. Rien dans sa vie passée ne le pose en ennemi de la religion; et la conception la plus fausse qu'on puisse avoir de lui, c'est d'en faire un maniaque aboyant aux soutanes.

Cependant il y a dans l'Église une influence qu'il

déteste, à l'exemple de tout le dix-huitième siècle ;
c'est celle des Jésuites. Mais l'aversion qu'il éprouve
pour cette milice se rattache fort bien à sa haine de
l'autorité en général. On sait d'ailleurs que cet état
d'esprit n'était point isolé sous la Restauration. Il
existait alors un catholicisme anti-clérical personnifié
avec éclat par M. de Montlosier, qui le premier dé-
nonce le « parti-prêtre ».

Trouvant son factum bien anodin, Courier se flattait de n'être pas poursuivi : le parquet de la Seine
en jugea autrement et le traduisit en police correc-
tionnelle. L'avocat du roi Billot prononça contre lui
un violent réquisitoire en lui reprochant amèrement
d'avoir rappelé en tête de son libelle, comme pour
en tirer vanité, qu'il était « sorti l'an passé des prisons de Sainte-Pélagie ». C'est ce qu'il appelle « le
cynisme de la sédition et de l'outrage ».

Malgré tous ces gros mots, le tribunal refusa à
Billot la condamnation à treize mois d'emprisonne-
ment qu'il réclamait. L'accusé fut blâmé d'avoir
écrit plusieurs pages « très répréhensibles et dont
le but paraît plus répréhensible encore ». Mais on
dut le renvoyer des fins de la plainte.

C'était un triomphe pour Courier. Quelque part
il se plaint de n'avoir point bénéficié des garanties
de la Charte : « du jury, dit-il, point de nouvelles ».
Mais devait-il regretter le jury qui déjà l'avait con-

damné, et qui n'était en somme qu'un des cruels instruments du pouvoir, dont il épousait les passions, surtout lorsqu'il avait été soigneusement « trié sur le volet » par M. Régley? Malheureusement, ces nouvelles poursuites vont l'aigrir davantage: le moment approche où, de déception en déception, ne pouvant plus croire à la sincérité constitutionnelle du gouvernement qui lui a promis la liberté d'écrire, il va devenir irréconciliable.

CHAPITRE VIII
ASSASSINAT DE COURIER

A voir l'attitude adoptée par Courier depuis son
installation en Touraine, il n'était personne
qui ne prît cet ancien officier pour un ardent jacobin. « On le dit républicain dans ses principes »,
écrit, dans un rapport, le préfet de police Delavau ;
ailleurs il est qualifié de « révolutionnaire ». Cette
illusion des policiers qui le surveillent est partagée
par ses admirateurs. L'un d'eux, à l'en croire, lui
écrivait de Paris : « Vous n'aimez aucun prince,
vous êtes républicain. »

Eh bien ! amis et adversaires de Paul-Louis se
trompaient également : quelque imprudente con-
cession qu'il ait pu faire aux chefs du parti libéral,
car il « trouve toujours moyen de s'arranger avec
eux », une chose est certaine, c'est qu'il n'est point

républicain, ni ne le fut, ni ne le sera jamais. Ce n'est pourtant pas faute d'aimer la liberté : il l'idolâtre « par instinct, par nature ». Mais il lui semble raisonnable de soutenir, comme c'est l'opinion de plusieurs, « qu'il peut y avoir liberté dans la monarchie », et même « qu'il n'y a de liberté que dans la monarchie ».

Dans la lutte que le parti libéral soutenait alors contre la branche aînée des Bourbons, Courier combattit toujours en indépendant ; jamais il ne consentit à se plier à la discipline rigoureuse du parti, ce qui lui vaut ce blâme sévère de Charles Magnin : « Par l'inconsistance de ses principes, il fut un parfait représentant de cette génération qui se crut républicaine et qui, au fond, n'eut qu'une fièvre de liberté généreuse et passagère. » Mais Paul-Louis ne se crut même pas républicain ; c'est d'ailleurs un dogme conservé religieusement par la famille du pamphlétaire que jamais il ne le fut.

Il s'affirme donc monarchiste : mais comme le régime ne lui laissait aucune des libertés qui lui étaient chères, il finit par se lasser de la dynastie. Alors, il reporta ses espérances sur le chef de la branche cadette, qui seul, aux yeux de certains libéraux, comme Laffitte, pouvait désormais sauver la royauté. Sans chercher à justifier ses préférences par une théorie du gouvernement constitutionnel, il aime le fils de Philippe-Égalité parce qu'il est mal vu de la cour, parce qu'il fait figure d'opposant. Il l'aime surtout pour ses qualités bourgeoises, pour son économie bien connue, qualité « que la cour abhorre dans un prince et qui n'est pas matière d'éloge académique, ni d'oraison funèbre, mais pour nous si précieuse, si… comment dirai-je ? divine, qu'avec celle-là je le tiendrais quitte quasi de toutes les autres ».

Courier chante ainsi les louanges du duc d'Orléans dans un petit opuscule intitulé *1re réponse aux anonymes*. Ce factum fut imprimé clandestinement à Bruxelles à la fin de 1822 ; car l'auteur avait suffisamment reconnu qu'il lui était impossible de causer avec le gouvernement par la voie de la presse légale. Puis il publia, chez le même éditeur bruxellois, la *2e réponse aux anonymes* qui critique le célibat des prêtres, le *Livret de Paul-Louis Vigneron*, la *Gazette du Village*, enfin la *Pièce diplomatique*.

Ces minuscules pamphlets prennent à partie directement les deux puissances régnantes : Louis XVIII et la Congrégation ; la hardiesse des attaques est extrême.

Les événements de la guerre d'Espagne, la chronique des chambres, les potins de la cour et de la ville, l'esclandre du député Manuel, telle est la matière du *Livret,* qu'on peut comparer à une sorte de revue des journaux. Peu d'idées personnelles : Courier répète ce qui a été dit à la tribune par les orateurs du parti libéral, ou imprimé dans le *Constitutionnel.*

La *Gazette du Village* place sous nos yeux une collection de petits tableaux de genre qui pourraient servir d'illustration à une histoire populaire du règne de Louis XVIII. Partout nous trouvons, chez les villageois mis en scène, une rébellion sourde contre le gouvernement impopulaire. Ici, des gendarmes, descendant par hasard dans une auberge, font fuir des déserteurs qui se cachent aux environs ; à la rumeur que fait l'arrivée de la maréchaussée l'un d'eux, se croyant déjà pris, s'en va tête baissée se jeter dans son puits. Ailleurs, une bonne femme qui, sans payer patente, vend du vin aux bateliers du Cher, est surprise par les commis de la douane. D'un coup de clé, elle brise entre leurs mains la bouteille pleine qu'ils viennent de saisir, et tout le monde de rire de la déconvenue des gabelous, car, dit le pamphlétaire, « la contrebande n'est point une chose qu'on blâme ». Contre le gouvernement et l'administration toutes les ruses sont de bonne guerre ; qui peut les tromper « est approuvé de tous ». Et Courier, qui enregistre tous les méfaits des gens de son village, ne blâme ni la fraude au préjudice de l'État, ni les fausses déclarations, ni même la désertion. On voit qu'autant il est sévère pour les nobles, pour les gens des « hautes classes », autant il a d'indulgence pour les gueux en blouse et en sabots. Loin de les mépriser, il se met de leur côté, lui le fils de l'ancien seigneur de Méré[1]. Il veut oublier et les fiefs nobles que posséda son père, et sa fortune personnelle, et sa rare culture intellectuelle qui le classe dans une élite ; au grand scandale des coteries aristocratiques, il fait alors cette déclaration : « Né d'abord dans le peuple, j'y suis resté par choix. Il n'a tenu qu'à moi d'en sortir comme tant d'autres... Quand il faudra opter, suivant la loi de Solon, je serai du parti du peuple, des paysans comme moi[2]. »

Il faut avouer et louer sa sincérité absolue, que Sainte-Beuve n'a pas su comprendre puisqu'il ne voit là qu'une attitude.

Pourquoi prend-il ainsi fait et cause pour les petites gens? C'est parce qu'il partage leurs dégoûts et leurs passions. Il a la même rancune tenace contre ce régime des Bourbons de la branche aînée, qui a trompé ses espérances, en ne respectant ni la liberté d'écrire ni la liberté individuelle, en rendant à peu près illusoires en un mot les garanties de la Charte.

1. Ce titre est encore porté par ses descendants.
2. Première réponse aux anonymes, *in fine*.

On peut dire que c'est la Restauration, avec ses
excès de pouvoir, ses injustices, surtout avec sa
passion de détruire l'œuvre de la Révolution, qui a
fait trouver sa voie à Courier. Dès 1816, alors qu'il
se comportait en sincère royaliste, alors qu'il n'ins-
pirait aucune défiance aux émigrés, ses voisins, dès
cette époque il proteste contre les violences dont
sont victimes des artisans du bourg de Luynes ;
il se fait dès lors le défenseur des humbles. Ce rôle
nouveau est très sincère, quoi qu'en ait pensé Sainte-
Beuve. C'est ce qu'on appelle aujourd'hui une « évolution ». Taine, Brunetière et Sainte-Beuve lui-même
ont évolué depuis, avec un certain éclat ; mais leur
évolution a été jugée plus favorablement, parce qu'elle
avait lieu en sens opposé. La justice que personne
ne refuse à ces écrivains nous la réclamons pour Courier. Ils ne se préoccupèrent point de mettre leur
nouvelle attitude d'accord avec les négations de leur
jeunesse. Paul-Louis au contraire, qui s'adressait à
la foule simpliste, eut besoin d'arranger un peu ce
qui, dans sa conduite passée, ne concordait plus
avec sa récente incarnation ; il cessa alors « de se
désavouer lui-même comme soldat de l'empire ». Il
put aisément donner à ses jeunes années « le caractère du patriotisme le plus désintéressé ». Car « la
singularité si rare d'avoir été quinze ans les armes
à la main contre les coalitions, sans obtenir, sans

briguer faveur ni titres, lui devenait d'un merveil-
leux secours pour l'autorité de ses paroles. Ce n'était
plus par hasard, mais par amour du pays, qu'il était
allé à la frontière ». Ce n'était plus par insouciance
qu'il avait végété dans un grade inférieur, mais par
indépendance. « Soldat par devoir, paysan par goût,
écrivain par passe-temps, tel il se donnait et tel il
fut pris. »

Ainsi, le seul artifice de Courier visant à la popularité consiste à cacher son personnage assez médiocre d'officier de carrière, vite dégoûté du métier,
pour se poser en soldat républicain. Sous cet habit
de volontaire de 1792, il a bon air pour condamner
l'armée royale, pour plaindre les petits conscrits de
Véretz, auxquels on apprend en vain, dans de mor-
nes casernes, la charge en douze temps, sans leur
laisser l'espoir qu'ils pourront un jour exercer leur
courage contre l'ennemi. « On s'y prend de manière
à n'avoir jamais de querelle avec les puissances
étrangères. » Enfin opposant, dans de vives peintures, l'officier noble au sergent plébéien, il s'efforce
de décourager le soldat de fortune, en lui prouvant
qu'il aura pour sa part des coups de bâton, tandis
que l'avancement sera réservé aux fils des grandes
familles.

Quand éclata la guerre d'Espagne, les « libéraux »
organisèrent une sorte de complot pour détourner

de son devoir l'armée royale. Des ouvertures étaient faites par les meneurs à divers colonels que l'on croyait secrètement hostiles au gouvernement ; on faisait courir le bruit que le roi de Rome combattait dans les rangs espagnols. Enfin l'on colportait la chanson de Béranger dont le refrain est : « Brav' soldats, demitour ! » Courier, d'ordinaire plus indépendant, dut faire sa partie dans ce triste concert : il lança, sans doute sur commande, sa malheureuse proclamation : *Un vieux soldat à l'armée*. On n'y trouve qu'une idée fort simpliste, répétée à satiété : « Allez vous faire estropier pour les nobles ; ils auront de l'avancement, et vous, des coups de bâton. » Quelque aversion qu'inspire ce geste du pamphlétaire, on doit avouer qu'il restait dans son rôle d'opposant irréconciliable, en essayant de retirer au roi l'appui de l'armée qui allait en Espagne détruire la liberté.

Mais plaignons un régime qui avait déchaîné des passions si enragées qu'un ancien officier pouvait prêcher la désertion aux soldats et recueillir les applaudissements d'une foule de généraux, comme Lamarque, qui disait de la proclamation de Paul-Louis : « C'est un modèle qu'on devrait suivre. »

En même temps que Courier excitait l'armée au mépris des Bourbons, il donnait au gouvernement de nouvelles preuves d'une haine implacable, en attaquant le clergé, auquel la monarchie prétendait faire une situation privilégiée dans l'État : pour juger sainement la polémique anticléricale, dans laquelle il s'engage dès lors, il faut se rappeler que la politique du ministère de Villèle est responsable, par ses provocations, de tous les outrages qu'à cette époque les libéraux adressent à l'Église. Jusqu'alors Courier avait été plutôt indifférent qu'ennemi de la religion : à l'armée, nul parmi ses camarades ne se montra moins sectaire ; nul n'était plus disposé à se faire l'ami du premier prêtre venu, surtout s'il était homme de savoir et de bonne compagnie ; de là ses relations si cordiales avec nombre de doctes abbés rencontrés en Italie. Ce n'est qu'à l'époque des *Lettres au rédacteur du Censeur* qu'apparaissent chez lui des passions anticléricales, nées comme par enchantement. Bientôt elles se développent, et ses pamphlets de l'année 1823 laissent poindre et grandir une obsession : la haine de l'Église. C'est que l'Église, soutenue et adulée par le gouvernement, est devenue une puissance redoutable devant laquelle il faut s'incliner. Du jour où le prêtre reçoit en partage une parcelle de l'autorité il est en butte à la rancune de Courier ; ainsi chez ce dernier la haine de la soutane procède tout naturellement de sa haine de l'autorité, qui est la plus violente de ses passions.

A cette époque d'ailleurs les maladresses du parti régnant avaient créé un état d'esprit nouveau en France, l'anticléricalisme puisqu'il faut l'appeler par son véritable nom. Dans tous les journaux, dans les discussions des Chambres, aussi bien que dans les conversations des salons, il n'était plus question que de l'intolérance du clergé, de ses empiétements et des menées ténébreuses des Jésuites. On ne parlait que du « parti prêtre » ou des « hommes noirs » ; on stigmatisait la mystérieuse « Congrégation » inféodée aux « fils de Loyola ». « A bas les Jésuites ! écrit Thureau-Dangin, ce cri lancé de la tribune, répété par la presse, fredonné par la chanson, hurlé par l'émeute, renvoyé d'écho en écho aux quatre coins de la France, éclatait chaque jour plus retentissant et plus formidable. »

Toute une littérature anticléricale venait d'éclore : *le Constitutionnel* lui donnait le ton, et apportait chaque jour au vigneron de la Chavonnière des excitations ou des encouragements. Ce dernier ne veut pas rester en arrière ; il ne va pas tarder à donner des modèles à cette littérature de combat qui remplissait une foule inouïe de brochures. Il écrit alors sa deuxième *réponse aux anonymes,* où il attaque violemment le célibat des prêtres. Raisonnant sur le cas pathologique de l'abbé Mingrat, il y voit une conséquence de la chasteté imposée. Ces pages lui ont valu la haine de certains esprits, et lui attirent encore aujourd'hui des condamnations sévères et brutales, dans le genre de celle de Brunetière qui l'accuse de réunir « le sentiment le plus délicat du style à une rare grossièreté de pensée ». Mais en revanche sa popularité du moment en fut accrue. Grisé d'éloges il voulut prolonger son succès : nous le voyons alors fouiller l'histoire pour y dénicher toute une chronique scandaleuse des mœurs du clergé, puis peu à peu, entraîné par ses recherches, concevoir le projet d'un grand ouvrage où serait démontrée la nécessité du mariage des prêtres. Il se mit dès lors à réunir des matériaux : quelques lettres qu'il écrivit pour se procurer des documents nous prouvent qu'il était soucieux avant tout d'écarter tous les racontars vagues et calomnieux. Pourtant, il se rendait compte de la gravité de son entreprise, puisqu'il se fait dire à ce moment même, par un de ses amis[1] : « Prends garde, Paul-Louis, prends garde ; les cagots te feront assassiner. » Il se proposait donc de diriger de bien vives attaques contre le clergé et son chef suprême !

En attendant, il fallait avant tout entourer son projet du secret le plus absolu et rassurer sur ses intentions et gouvernement et police. Il crut à propos de

______

1. Dans le *Livret de Paul-Louis*.

publier, avant cette sorte de testament philosophique, un ouvrage tout littéraire où la politique n'entrât pour rien. C'est pourquoi il écrivit, en 1824, le *Pamphlet des Pamphlets*. Il s'attache à démontrer dans ce petit écrit, que « le pamphlet est, de sa nature, la plus excellente sorte de livre, la seule vraiment populaire par sa brièveté même ». Dans sa péroraison d'une éloquence entraînante, il se mettait « en cause commune avec Socrate, Pascal, Cicéron, Démosthène, saint Paul ». Il s'environnait « de ces grands hommes comme d'une glorieuse milice d'apôtres de la liberté de penser ». Ainsi s'exprime Carrel qui, dans son enthousiasme, appelle ce pamphlet « le chant du cygne » de Courier. La correction tout académique qui le caractérise l'a fait considérer généralement comme son chef-d'œuvre.

Nous sommes loin de souscrire à ce jugement. Ceux qui mettent ainsi le *Pamphlet des Pamphlets* au-dessus des autres œuvres du Vigneron font preuve d'un goût timide ou laissent entendre qu'ils n'ont pas assez pénétré ses écrits antérieurs. En réalité, rien ne surpasse les *Lettres au Censeur*, le *Simple discours* et la *Pétition pour des Villageois*. L'auteur lui-même croyait si peu avoir produit son chef-d'œuvre qu'au moment même où « l'on imprimait *sa* drogue », il rêvait quelque chose de mieux encore. Ce qu'il méditait de jeter ainsi comme une bombe au pied du trône, c'était une œuvre plus conforme à son caractère, un écrit de polémique plein de personnalités violentes, et en même temps savant et documenté.

La sagesse voulue du *Pamphlet des Pamphlets* ne trompa ni le gouvernement ni la police ; au moment même où l'auteur apportait à Paris le plus anodin de ses écrits, des argousins l'escortaient discrètement jusqu'à sa porte, craignant qu'il ne vînt, à l'occasion des élections de 1824, seconder par quelque brochure l'action de ses amis les libéraux. A partir de ce moment, on ne le perd plus de vue. Déjà, le 29 octobre 1823, il avait été arrêté à Paris en pleine rue et conduit à la Préfecture de police, bien qu'il n'existât contre lui aucun mandat d'arrêt. On aurait voulu le convaincre d'avoir écrit les pamphlets publiés à Bruxelles, qu'il ne cessait de désavouer. Il passa la nuit à la salle Martin ; d'ailleurs une perquisition opérée dans son appartement ne donna aucun résultat et l'on dut le relâcher. De cette capture, il ne resta entre les mains des policiers que le curieux signalement que voici :

SIGNALEMENT DE PAUL COURRIER[1] (*sic*) :

Taille : 1 m. 76 ;
Cheveux rares et mélangés ;

1. Archives nationales. Indre-et-Loire, F⁷ 6920.

Teint brun et bilieux ;

Sourcils châtain foncé ;

Yeux gris ;

Barbe forte ;

Lèvres grosses et avancées ;

Menton court ;

Marqué de la petite vérole ;

Physionomie brusque et rude ;

Marchant un peu courbé et la tête penchée sur le côté ;

Mal mis et sale dans son costume ;

Portant toujours une cravate noire.

La surveillance continue à s'exercer contre lui, obstinée, maladroite et irritante. Prend-il à Tours la voiture publique des Messageries, le ministre en est averti, et fait guetter son arrivée à Paris. Est-il question en Touraine d'un complot en faveur de Napoléon II, les mouchards, pour corser leurs récits, inscrivent sans sourciller Courier parmi les conjurés qui préparent le retour « des aigles de France[1] ». Mais, à la fin, M. Corbière, écœuré de ces racontars, est obligé d'avouer que « tout cela ressemble à de vrais fagots ».

Revenu à la campagne après la publication du *Pamphlet des Pamphlets*, Paul-Louis occupé de très graves affaires d'intérêt, doit suspendre ses études

---

1. Archives nationales, F7 6965.

littéraires. Il se voyait, à ce moment, obligé de vendre sa vieille propriété de famille la Filonnière pour acquitter une foule de dettes. Il était traqué par ses créanciers. Depuis son installation en Touraine en 1818, il n'avait fait que grossir son passif. Rien n'était payé, pas même le logis où s'abritait sa famille, la Chavonnière, dont Izambert continuait à toucher l'intérêt à cinq du cent ! Partout où il allait, le malheureux vigneron apercevait la figure renfrognée de ses créanciers ; les domestiques eux-mêmes réclamaient leurs gages arriérés sur lesquels ils n'avaient touché que de faibles acomptes.

Enfin Paul-Louis toujours si économe, et que l'on croyait riche, allait, en mourant, laisser un passif de plus de cent vingt-quatre mille francs. Cette constatation prouve que la gloire littéraire lui avait coûté cher. En effet, tandis qu'il écrivait ses pamphlets, les portait à Paris, conférait avec ses amis, jouissait de sa popularité ou subissait sa détention à Sainte-Pélagie, il avait dû abandonner à sa femme la direction de sa maison et de sa fortune. Ce fut l'origine de la ruine ; Mme Courier, en dépit des flatteries qu'il lui prodigue dans plusieurs de ses lettres, était désordonnée et dépensière.

Pourtant au début, cette belle femme pleine de hardiesse et de décision avait pris au sérieux son rôle. Pendant les longues absences de Paul-Louis elle traite toutes les affaires, confère avec les hommes de loi, surveille les domestiques, dirige les gardes et les fagoteurs.

Elle se substitue à son mari pour la direction des intérêts matériels, en imitant par exemple sa signature d'une manière parfaite :

SIGNATURE
DE P. L. COURIER.

SIGNATURE
DE SA FEMME.

Mais elle livre bientôt la ferme à deux perfides valets, qui avaient pris sur elle le plus coupable empire ; nous voulons parler des frères Dubois.

Engagé comme laboureur et charretier, Pierre, l'aîné des deux, avait le nez mince et bien fait, la bouche petite, une physionomie fine et expressive. « C'était, écrit Armand Rivière qui l'a connu, un beau gars, un type remarquable et distingué de paysan. » Il obtint bientôt les faveurs de Mme Courier, qui s'ennuyait à mourir à la Chavonnière, et qui, selon un mot de La Bruyère cité par Paul-Louis, découvrit alors qu'un « paysan est un homme ». En public même, elle lui accordait des privautés choquantes, buvait dans son verre, l'admettait à sa table, se promenait à son bras dans les assemblées de village.

Bientôt, écrit M. André, le scandale s'aggrava : tout en paraissant garder une prédilection pour Pierre, cette femme dominée par son tempérament, s'abaissa « jusqu'au vice et fit part de ses faveurs à Symphorien Dubois », qui était entré depuis peu à la Chavonnière comme garçon de ferme. « Plus grand et plus rude que son frère », c'était un solide gaillard d'un blond tirant sur le rouge.

Quelque temps Courier feignit d'ignorer son malheur : un jour, il éclata.

Un armurier venait de lui réclamer le prix d'un fusil que sa femme avait offert, à son insu, à Pierre Dubois. Appelant dans son cabinet son insolent rival, il lui fit une scène violente et le congédia.

« Mais enfin, pourquoi me renvoyez-vous ? fit le domestique.

— Parce que vous êtes trop le maître ici ! »

Il y eut des menaces et des cris ; la femme de chambre, occupée près de là, entendit distinctement ces paroles proférées par Paul-Louis arrivé au paroxysme de la colère : « Comment ! coquin, scé-

lérat, tu viens me menacer chez moi, et tu oses dire
que tu n'en sortiras pas!... Tu mériterais que je te
fisse prendre par les gendarmes ! »

Après avoir reçu l'arriéré de ses gages, le complice de Mme Courier quitta la maison, le jour
même. C'était le 18 juillet 1824. Par malheur il
restait au pays et allait s'établir dans un hameau
voisin, d'où il continuait à exercer sur le maître de
la Chavonnière une surveillance haineuse.

« A partir de la scène du 18 juillet, se creusa, dit
M. André, entre Paul-Louis et sa femme un abîme
que rien ne devait plus combler. Vers ce temps,
probablement dans le but de tenter entre les époux
une conciliation, Mme Clavier vint faire un long
séjour à la Chavonnière. » Elle fut froidement
accueillie par son gendre ; car malgré les torts
d'Herminie, elle n'hésitait pas à prendre parti pour
sa fille. Elle ne craignait pas de déblatérer contre
Courier chez les voisins et chez le curé de Véretz.
« Il a coupé, disait-elle, les bras et les jambes à sa
femme depuis qu'il lui a ôté la régie de la maison.
Mais il ne s'attend pas à ce qu'on lui garde. »
En effet, Paul-Louis avait pris en main la direction
de la ferme et, s'efforçant de mettre de l'ordre, il
faisait succéder la parcimonie au gaspillage. Mais
il ne fit, par ses mesures mesquines, qu'irriter
davantage les domestiques et les nombreux fago-

teurs qui vivaient de l'exploitation de la forêt de
Larçay. Ainsi grandissait autour de lui la rancune
sourde des paysans.

Cependant Mme Courier était enceinte : pour
éviter les commentaires malveillants du voisinage,
elle aurait voulu faire ses couches à Paris : son mari
s'y opposa formellement. Le 20 octobre, elle mit au
monde « un gros garçon ». En transmettant cette
nouvelle à son ami Gasnault, avec lequel il corres-
pondait alors, Paul-Louis n'exprime ni regret ni
enthousiasme. Mais il aurait voulu éloigner de la
Chavonnière et installer à Paris, dans la famille
Gasnault, son fils aîné, alors âgé de quatre ans,
qu'il aimait tendrement.

Il tentait donc de soustraire l'enfant qui lui était
cher à l'influence d'une mère coupable : cette
défiance n'était que trop justifiée, car Mme Courier
« persistait dans sa faute, continuant ses relations
avec les deux frères[1] ». Elle faisait remettre à Pierre
Dubois des lettres, des journaux et des livres ; et
cet effronté paysan eut même l'audace de s'introduire, dans la nuit du 2 janvier 1825, à la Chavonnière où elle le reçut « à moitié vêtue, en
jupon[2] ». Paul-Louis, qui ne dormait pas, les

---

1. Louis André, *L'assassinat de P.-L. Courier.*
2. *Ibidem.*

entendit, prit son fusil et descendit en proie à la plus violente colère. « Déjà les amants se séparaient et s'esquivaient. Mme Courier, qui rentrait, croisa son mari dans le vestibule. » Il vit et reconnut sa femme.

Après une querelle plus violente que toutes les précédentes, les deux époux partirent l'un et l'autre pour Paris, mais séparément. A Paris même, Paul-Louis n'habitait pas avec sa femme ; le ménage était irrémédiablement désuni.

Arrivé alors à l'apogée de la célébrité, le vigneron de la Chavonnière put trouver, dans les flatteuses satisfactions d'amour-propre qui lui étaient offertes, un adoucissement à ses peines. On se l'arrachait ; on voulait jouir de ses brusques saillies. Les rédacteurs du *Globe* le convièrent à une soirée où ils lui firent fête, comme à l'écrivain libéral dont le talent honorait le plus leur parti. Là, Sainte-Beuve le vit pour la première fois : « on l'entourait, dit-il, on l'écoutait. » Mais hélas ! la curiosité pleine de sympathie de ces jeunes littérateurs était le dernier hommage que dût recevoir de son vivant l'illustre pamphlétaire.

Dès le lendemain, il repartait pour la Touraine, avec le projet bien arrêté de se débarrasser à bref délai de son exploitation, afin de se fixer soit à Paris, soit en Belgique. Mais il commit l'imprudence de faire connaître à son entourage ses nouveaux desseins. Ses gardes et valets ne lui permirent point de les réaliser. Déjà, ils avaient vu avec colère la direction de la maison passer des mains de Mme Courier à celles de son mari. Ils n'obéissaient qu'avec une sourde rage à ce maître dur et serré que, dans leur langage imagé, ils appelaient le « rogneur de portions ». Ils regrettaient leur bonne maîtresse, tenue en chartre privée par un époux jaloux, éloignée de la Chavonnière sans doute à tout jamais. Dubois, toujours honoré des lettres et des confidences de la fugitive, disait au garde Frémont : « Madame ne reviendra pas, si Monsieur ne la remet pas dans ses droits comme elle était avant. » Et maintenant, non seulement tout espoir du retour de Mme Courier s'évanouissait, mais le mari parlait de vendre la forêt, d'affermer le domaine et de quitter le pays ! Alors toutes les têtes se montent contre Paul-Louis, que ces paysans rapaces regardent comme l'artisan de leur ruine.

Le but précis de tous ces misérables, qui avaient vécu du ménage Courier, fut bientôt de se débarrasser, avant qu'il ne vendît la ferme, de leur maître avare et grincheux, afin de faire revenir à la Chavonnière la bonne Madame, qui désormais leur livrerait la maison. En effet, les frères Dubois, remis en possession de tout, feraient largesses aux autres valets. Ce furent eux naturellement qui ourdirent ce complot domestique, avec une adresse et une prudence extraordinaires. Il leur fallait s'associer le garde Louis Frémont, dont Courier avait fait quelque chose comme son homme de confiance, malgré des vices et une intempérance qui auraient dû le rendre suspect.

Ce petit homme « au front étroit, au visage plat, aux favoris roux » était d'une intelligence médiocre. « Il s'enivrait souvent, et au fond de ses yeux gris l'ivresse allumait de mauvaises lueurs[1]. » Et pourtant c'était ce valet que le mari trompé avait chargé « d'avoir l'œil sur les allées et venues de sa femme[2] » ; même, il lui donna mission de négocier le rachat des lettres que Mme Courier avait adressées à Pierre Dubois. Mais Courier, qui confiait à cet homme des secrets d'où dépendait son honneur, n'avait su se l'attacher ni par les libéralités nécessaires, ni par de bons traitements. De plus en plus aigri par ses infortunes conjugales, il en vint à rudoyer Frémont, comme ses autres domestiques, au moment même où il avait le plus grand intérêt à le ménager. Il lui fit des scènes sur son ivrognerie. Enfin, détail capital qui ne fut point révélé par les débats devant la cour d'assises, il en vint, pour son mal-

1. Louis André.
2. *Ibidem.*

heur, à s'aliéner complètement cet homme grossier.
Las de le réprimander il décida, au début d'avril
1825, de le congédier. Mais il lui fallait un autre
garde capable de dresser des procès-verbaux aux
voleurs de bois qui continuaient à mettre la forêt de
Larçay en coupe réglée. Courier fit donc insérer au
Journal d'Indre-et-Loire une note, qui parut le 10,
par laquelle il demandait « pour la campagne un
domestique sachant lire et écrire ». On va voir que
cette note, perdue à la quatrième page d'une gazette
provinciale, fut l'arrêt de mort du célèbre pamphlétaire.

Depuis des mois, les frères Dubois câlinaient,
filoutaient comme on dit en Touraine, Louis Frémont pour qu'il consentît à tuer son maître. Lui-
même a fait plus tard cette déposition : « Symphorien Dubois me dit : Ah ! Si M. Courier était mort,
nous serions bien plus heureux. Notre dame revien-
drait de Paris tandis qu'on dit qu'il veut la faire
enfermer au couvent. » Et Pierre Dubois, de son
côté, lui glissait à l'oreille des suggestions de ce
genre : « Je voudrais bien qu'il fût mort, ce bougre-
là... Si j'étais comme toi, tous les jours dans les bois
avec lui, j'aurais bientôt fait... J'ai des lettres de
Mme Courier, qui me donne de ses nouvelles, et elle
voudrait bien aussi que son mari fût mort. »

Peu à peu le projet criminel est mûri ; on distri-

bue les rôles aux acteurs du drame qui se prépare.
Pierre et Symphorien assisteront Frémont, guide-
ront son bras. D'autres acolytes sont aussi requis,
pour le cas où Courier, grand et toujours vigoureux,
viendrait à se défendre : des amis des frères Dubois
se tiennent prêts à leur prêter main forte. Ces com-
parses qui détestent également Courier, pour lequel
ils font des fagots, s'appellent Martin Boutet et François Arrault.

Reste à trouver une occasion favorable. Mais elle
ne saurait être différée : la forêt va être vendue, tous
ces valets de ferme, journaliers, ou fagoteurs atten-
dent chaque jour l'annonce de leur congédiement.
Cette appréhension les irrite ; il faut en finir. Mais
Frémont hésite encore... Et voilà que le matin du
dimanche de Quasimodo — 10 avril 1825 — les
frères Dubois lui présentent triomphalement la note
du *Journal d'Indre-et-Loire* qui est l'annonce de son
renvoi prochain. Frémont voit sa place perdue :
dès lors il n'hésite plus, pour sauver son pain, à
commettre le crime que depuis des semaines on lui
présente comme nécessaire, le crime libérateur. Chez
ce paysan simpliste et grossier, la résolution de tuer
s'accompagne d'une colère violente contre son maître ; de là l'exaltation remarquée par ceux qui l'ap-
prochent ce matin-là : « Monsieur Courier ! s'ex-
clame-t-il devant le témoin Mignot-Habert, ah ! le

gredin !... le scélérat !... le capon !... Tous les jours, il me fait des reproches de ce que je lui laisse enlever son bois ! » Et entre ses dents, il murmure : « Il attrapera bientôt sa part, et plus tôt qu'il ne pense... » Vers onze heures précisément, Courier le faisait appeler dans sa chambre et, après lui avoir donné divers ordres, il ajouta : « Ce soir, j'irai dans la forêt, sur la vente, et je vous indiquerai l'endroit où, demain, il faudra mettre au travail, les fagoteurs... Vous m'attendrez à la Fosse-à-la-Lande. »

Ce rendez-vous donné, Courier reste enfermé dans sa chambre la plus grande partie de l'après-midi. Cette journée, qui sera la dernière de son existence, il la consacre à l'étude, peut-être à la correction des Cent lettres écrites de France et d'Italie, auxquelles on sait qu'il attachait beaucoup de prix. Sur les quatre heures et demie, il quitte la Chavonnière, sans avertir ceux des domestiques que leurs occupations retenaient à la ferme.

La canne à la main, il courait à son rendez-vous. Beaucoup de voisins le virent passer préoccupé et rapide. « Jamais on ne l'avait vu aller si tard dans sa forêt, que d'ailleurs presque une lieue séparait de la Chavonnière[1]. » En arrivant à la Fosse-à-la-Lande, il trouva Frémont, et non loin de lui Sym-

1. Louis André, *L'assassinat de P.-L. Courier.*

phorien Dubois, qui, en ce jour férié, avait eu la permission de quitter son travail.

C'était un quart d'heure avant le coucher du soleil. Les trois hommes s'enfoncèrent dans l'épaisseur des bois. Courier, qui précédait ses deux serviteurs, les réprimandait vertement. Ceux-ci lui tenaient tête ; soudain la voix courroucée de Symphorien couvrit la sienne. « C'est fini, cria-t-il ; il faut qu'il passe le goût du pain ici ! » Effrayé, Paul-Louis voulut fuir ; il « avança le pas comme pour se sauver[1] ». Aussitôt Symphorien lui saisissant la jambe, le renversa dans le chemin, la face contre terre ; au même moment Louis Frémont déchargeait, à bout portant, son fusil sur son maître qui fut tué sur le coup. Alors accoururent de différentes parties de la forêt Pierre Dubois, armé d'un sabre nu, Boutet, Arrault et un quatrième individu. Symphorien retourna le mort sur le dos ; Frémont fouilla dans ses poches ; puis ils disparurent laissant le ca-

---

1. Ce sont les propres paroles de l'un des témoins de cette scène tragique ; car elle eut deux témoins invisibles. La fille Sylvine Grivault, revenant de l'assemblée de Saint-Avertin, s'était arrêtée dans un fourré avec un certain Honoré Veillaut ; couchés à plat dans l'herbe, tapis sous les bruyères à dix pas de l'endroit où Courier fut assassiné, ils assistèrent, fort effrayés, au drame dont ils se promirent de ne rien révéler. Sylvine garda le silence jusqu'en 1829. Alors elle fit d'importantes révélations qui permirent d'ouvrir une nouvelle instruction contre les assassins.

davre étendu dans le chemin, au bord d'une ornière pleine d'eau et de boue.

L'ancien officier des guerres de l'Empire venait de trouver, dans son propre domaine, le genre de mort auquel il avait échappé miraculeusement au cours de ses campagnes en Calabre. Mais les assassins, ce qu'il n'eût jamais prévu, faisaient partie de ce bon peuple de Touraine dont il vantait, dans ses pamphlets, l'industrie et les vertus. On voit combien il était dupe des gens qu'il avait choisis pour héros de sa *Gazette du village* et qu'il définissait ainsi, quelques années plus tôt : « le peuple actif, laborieux, dont chaque jour l'industrie augmente, les travaux se multiplient, et dont par conséquent la morale s'épure, car l'un suit l'autre. »

Il ne saurait entrer dans le plan de cet ouvrage de raconter les deux procès auxquels donna lieu l'assassinat du 10 avril[1]. Disons seulement que le Parquet ne retint qu'un seul inculpé, Louis Frémont, qui effectivement avait été le principal acteur du drame. Mais le jury, ce jury dont Paul-Louis avait tant contesté la clairvoyance, répondit tout d'une voix : « Non, Louis Frémont n'est pas coupable. »

Toutefois la vérité devait plus tard se faire jour, puisque le crime avait eu deux témoins : Honoré

1. Nous renvoyons le lecteur au livre si documenté de notre ami M. Louis André.

Veillaut et la fille Sylvine Grivault, cachés sous les fougères à dix pas de la victime. Craignant la vengeance des meurtriers, ils n'avaient rien révélé. Fidèle au mot d'ordre, l'homme refusa toujours de parler ; plus imprudente, mais plus humaine, la fille se laissa aller, en 1829, à divulguer ce qu'elle avait vu. Alors fut connue dans tous ses détails la scène que nous venons de raconter : on apprit donc que l'assassin était bien ce Frémont, acquitté par le jury de 1825, qui se trouvait dès lors en possession de l'immunité légale. On sut en outre en quoi avait consisté la participation des frères Dubois à l'assassinat de leur maître. Symphorien était décédé en 1827. Contre Pierre fut rapporté par le jury un verdict de non-culpabilité, à égalité de voix.

Courier n'a donc pas été vengé : il repose dans le petit cimetière de Véretz, au centre d'un canton qu'a immortalisé sa plume.

CHAPITRE IX

JUGEMENT D'ENSEMBLE SUR COURIER

I. — RENOMMÉE ET INFLUENCE POSTHUMES DE COURIER.
II. — LE PAMPHLÉTAIRE.
III. — L'HOMME ET L'ÉCRIVAIN.

I. — RENOMMÉE ET INFLUENCE POSTHUMES DE COURIER.

Les derniers pamphlets de Courier, sa condamnation, les sottes persécutions du gouvernement lui avaient valu une popularité immense. Après le drame du 10 avril 1825, elle alla toujours grandissant. Pendant les dernières luttes engagées par les libéraux contre la Restauration, tous ceux qui combattaient le pouvoir oppresseur sentirent cruellement la perte du vigneron. Il leur semblait que les ministres qui bravaient cyniquement la nation eussent « tremblé à l'idée de rencontrer la petite feuille du pamphlétaire ».

Mais c'est après la chute de Charles X que l'absence de Paul-Louis causa les plus vifs regrets. On sait qu'il avait appelé de ses vœux ce régime nouveau : les orléanistes firent revivre sa mémoire et entreprirent de l'exploiter au profit de Louis-Philippe. Ainsi, par une propagande posthume, Courier semblait recommander un gouvernement, que vivant il eût peut-être désavoué.

En revanche, l'opposition mécontente exhumait de ses pamphlets les pièces les plus violentes pour s'en faire des armes tantôt contre les ministres, tantôt contre le clergé. Son *Mingrat,* publié à part, fut exploité contre les prêtres et valut à l'auteur un regain de popularité compromettante et de mauvais aloi.

Ainsi, la révolution de 1830 l'avait mis au pinacle, en l'associant à toutes les discussions de la presse et des chambres. Celle de 1848 lui valut une vogue nouvelle. Son nom devint alors un pseudonyme à l'usage de ceux qui voulaient pousser le gouvernement et la société dans des voies toujours plus avancées. Pourtant, Courier surtout occupé à combattre s'était en général abstenu de ces affirmations qui vous classent dans un parti : c'était donc sans tenir compte de ses vrais sentiments que l'on donnait après sa mort un caractère dogmatique à ses écrits.

Quelque déplaisir qu'on éprouve à voir un fin

lettré, un humaniste exquis, exploité par les brouillons de la politique, on doit avouer que c'est une gloire peu commune pour un ciseleur de phrases que d'être ainsi associé, pendant de longues années, aux contingences de la vie d'un grand peuple, et d'être, après sa mort, porté triomphalement sur les barricades, aux heures les plus tragiques des révolutions.

Mais nous préférons pour la renommée de Courier le culte passionné que lui vouèrent les gens de goût de sa génération et de la génération suivante. On a surpris, tout au long de cet ouvrage, l'estime profonde de ses grands contemporains pour son mâle talent. « Les premières pages qu'il livre au public, écrit Armand Carrel, révèlent un écrivain tel que la France n'en avait pas eu depuis Pascal et La Fontaine[1]. » On l'appelle communément le Rabelais de la politique, le Montaigne du siècle. On était las avec raison de la banalité de tout ce qui s'écrivait en prose depuis la mort de Voltaire, et l'on savait gré à Courier de rendre à la langue, sans altérer sa pureté, un éclat, une saveur et un relief qu'elle avait depuis longtemps perdus. Stendhal

---

1. De pareils jugements, qui nous surprennent par l'exagération de l'enthousiasme, proviennent du dégoût profond qu'éprouvaient certains contemporains pour la phrase, jusqu'alors réputée élégante et harmonieuse, qui s'écrivait communément depuis Rousseau et la *Nouvelle Héloïse*.

déclare que notre vigneron « est peut-être l'écrivain vivant qui connaît le mieux sa langue, toutes ses finesses et toutes ses délicatesses » ; et il salue en lui « l'esprit français, l'esprit à la Voltaire ». Ainsi, la génération de 1830 n'hésite pas à faire marcher de pair avec les plus grands classiques l'écrivain qui a su retrouver l'ironie française proscrite par les despotismes successifs de la Convention, du Directoire et de l'Empire.

Plus tard, en 1852, Sainte-Beuve, en essayant de le remettre à sa place, tend un peu trop à lui ravir précisément la juste place qui lui revient. Sous la sincère admiration que le critique des *Lundis* exprime pour son style, on sent percer pour l'homme célèbre la jalousie du contemporain offusqué par une gloire trop éclatante. C'est le vrai et grave travers de Sainte-Beuve, déjà signalé par Brunetière. Ajoutons que, depuis son adhésion au gouvernement impérial, il devenait étroit et injuste à l'égard de tout génie hostile à l'autorité établie. Après Sainte-Beuve, Sarcey a consacré à Courier une notice intéressante publiée en tête de l'édition de ses œuvres.

Mais depuis, la critique s'est trop désintéressée de lui. D'où vient cette indifférence ? Dira-t-on que notre pamphlétaire l'a méritée pour avoir trop chéri le style en lui-même, considéré indépendamment des choses qu'il est chargé de traduire? Sans doute ses idées sont peu nombreuses : mais il a su les exprimer avec tant de force et de chaleur qu'elles ont triomphé. Elles sont passées du domaine de la pensée dans celui de la réalité. Suffira-t-il donc que le polémiste ait gagné sa cause avec éclat pour qu'il tombe aussitôt dans l'oubli?

Ne faut-il pas avouer plutôt que Courier est la victime de certaines rancunes? On le punit d'avoir eu raison et d'avoir fait, au début de la Restauration, des prédictions qui presque toutes se sont réalisées. Car nos trop fréquentes révolutions ont eu pour résultat certain de faire triompher les conceptions sociales qui lui étaient chères. Tout ce qu'il a souhaité s'est accompli peu à peu : le nom seul de république n'était pas dans ses vœux. Mais que lui importerait l'étiquette pourvu qu'il eût le régime de liberté absolue et d'égalité bourgeoise qu'il rêvait cinquante ans trop tôt?

Est-il besoin d'ajouter que, s'il pouvait revivre parmi nous, quoique heureux de voir avancer le coche, il éviterait avec soin de se faire l'apologiste du gouvernement? Il reprendrait son rôle de censeur et promènerait dans les recoins de notre administration cette lanterne de Diogène qui ne fut pas seulement pour lui une métaphore de prédilection.

II. — Le pamphlétaire.

Courier ferait à nos hommes politiques d'aujourd'hui la même guerre qu'aux ministres de Louis XVIII. Aussi bien savons-nous que sa rancune fut toujours violente contre l'autorité, quelque forme qu'elle empruntât : pouvoir civil ou despotisme militaire. Cette haine, qu'il a poussée aux dernières limites, a été une passion primordiale et foncière. C'est elle qui, l'agitant sans cesse, a servi d'aiguillon à son génie et lui fit quitter la littérature, qu'il chérissait, pour la politique dont il avait horreur. Stimulé par cette furie, il put se jeter à l'improviste dans la mêlée et, loin d'y montrer la gaucherie d'un rêveur égaré parmi des combattants, y révéler d'emblée des qualités de premier ordre.

C'est alors qu'il affirme avec éclat son esprit individualiste. A la société brutale et tyrannique, il oppose l'individu seul digne de sollicitude à ses yeux. Il n'admet comme gouvernement que celui qui gouvernera le moins possible. « Savez-vous un pays où il n'y eût ni gendarmes, ni rats de cave, ni maire, ni procureur du roi, ni zèle, ni appointements, ni généraux, ni commandants ? Si vous savez un tel pays sur la mappemonde, montrez-le moi et me procurez un passeport. »

C'est le pays de Franklin qui se rapproche le plus de cet idéal d'un gouvernement économique, sans grands officiers : aussi Courier a beaucoup de sympathie pour l'Amérique, non parce que c'est une république, mais parce qu'on y gouverne peu et à peu de frais. L'impôt voilà ce qu'exècre surtout ce fils de bourgeois avares, resté ladre en dépit de tout. Dans l'impôt il ne voit qu'une dîme prélevée par des fainéants galonnés ou chamarrés d'or sur ceux qui travaillent et qui produisent. Et n'allez point parler à cet étrange monarchiste de la légitimité de ce prélèvement : les droits du roi n'ont aucune signification pour lui : au contraire, la monarchie n'a de raison d'exister que pour servir les intérêts et défendre les droits des individus, et toute la conception politique de ce réaliste tient dans la formule suivante : « La nation ferait marcher le gouvernement comme un cocher qu'on paie, et qui doit nous mener non où il veut, ni comme il veut, mais où nous prétendons aller, et par le chemin qui nous convient. »

En répudiant ainsi l'origine divine du principe d'autorité, Courier a soulevé les protestations indignées des conservateurs, et même de Sainte-Beuve ; mais il faut avouer que sa définition de l'État répond au vœu enfin réalisé de toutes les nations modernes. Le temps et les révolutions lui ont donné gain de cause : partout aujourd'hui, le caprice des gouvernants est obligé de s'incliner devant la volonté des peuples, et, selon un mot de Courier, c'est un métier que de régner, métier dont on s'acquitte mieux qu'on ne fit jamais parce qu'on se sent surveillé et contrôlé par la nation.

Le vigneron de la Chavonnière a fait sous Louis XVIII la théorie du régime républicain. Mais, par une contradiction où il faut voir pur caprice, le même homme qui tient un langage si nettement démocratique, nous déclare, d'autre part, qu'il ne fut jamais républicain : il se contenterait tout bonnement d'une monarchie où la Charte ne serait plus un leurre. Ainsi, Courier n'est pas républicain, parce que la dictature de Robespierre lui a laissé d'horribles souvenirs, parce que son père, riche bourgeois, a vécu dans des transes aux heures sombres de la Terreur. Il n'est pas républicain, parce que, gros propriétaire lui-même, il paie treize cents francs d'impôts. Mais alors que devient son amour du peuple et des paysans, dont il veut être ? Il faut avouer que cette inconséquence fait éclater la faiblesse du caractère de Paul-Louis. Par une fantaisie baroque, il ne veut pas être républicain, alors qu'il l'est très assurément. De tels caprices doivent contrister ses véritables amis, en les obligeant à convenir que, sur ce point, il mérite le blâme de Sainte-Beuve, et qu'il « n'est pas un esprit très étendu, ni très complet dans ses points de vue ».

Dans d'autres rancunes qu'il affiche nous trouverons également la marque du parti pris. Qu'est-ce que cette haine si furieuse de la noblesse sinon le souvenir amer de petits froissements d'amour-propre ? Tout jeune, il a souffert du voisinage des grands fiefs ; officier indépendant, il a été humilié par les dignitaires de la noblesse impériale ; pamphlétaire de l'opposition, il s'est vu mettre à l'index par les hobereaux de Touraine. De là cette aversion violente, de là ces tableaux hideux de la noblesse qui environne le trône.

Quant aux passions anticléricales de notre pamphlétaire, ce serait une grave erreur que de les croire très vives. D'abord, il est à noter qu'elles n'apparaissent même pas chez le premier Courier, celui des *Lettres écrites de France et d'Italie*. C'est la Restauration seule qui doit en être rendue responsable : c'est elle qui les a fait naître et les a développées, en donnant au clergé une puissance et une hauteur de verbe qui devaient forcément le faire craindre et le faire haïr de tous les indépendants. Thureau-Dangin nous est garant que les folies des royalistes exaltés ont jeté le discrédit sur

tout ce qu'ils ont voulu prôner et servir. Mais c'est
à leurs amis du clergé qu'ils ont jeté le plus sotte-
ment le pavé de l'ours. Par l'effet de leurs provocations, les indifférents ou les tièdes deviennent
bientôt des ennemis de la religion catholique. Même
certains catholiques pratiquants deviennent hostiles
aux Jésuites et aux moines. La Révolution dans ses
convulsions les plus furieuses avait supprimé le
culte et traqué partout les prêtres réfractaires : elle
n'avait pas créé ce mal, dont a souffert la France
moderne, et qu'on appelle l'anticléricalisme. Elle
a laissé aux ultras du règne de Louis XVIII le soin
de l'inventer. Voilà comment, à partir du ministère
de Villèle, le scepticisme de Paul-Louis part en
guerre contre l'Eglise. Ainsi il a combattu, avec
une passion inégale, les trois grandes forces sociales
de la Restauration, le trône, la noblesse et le clergé,
et le temps s'est chargé de compléter sa victoire.

Mais le polémiste a été plus malheureux dans ses
engouements que dans ses rancunes. En effet, quels
sont les héros de ses pamphlets? Ce sont les repré-
sentants des « classes inférieures », et particulièrement les paysans, qu'il adopte de parti pris pour
les opposer aux privilégiés, aux nobles. Sans doute
il n'est pas tout à fait dupe de leurs vices ; mais il
ne veut voir que leurs qualités : sagesse, économie,
amour du travail et du sol natal.

Il aurait dû juger plus sévèrement les mœurs du village, le moraliste austère qui, dans le *Simple discours,* flétrit en bloc toutes les familles nobles ; son auteur de prédilection La Fontaine n'avait-il pas dénoncé la méchanceté hypocrite des paysans ?

O gens durs, vous n'ouvrez vos logis ni vos cœurs !

Mais précisément cet égoïsme du cultivateur et son avarice se retrouvent chez Courier lui-même : faut-il s'étonner dès lors qu'il ait peint avec amour des gens dont il avait tous les travers ? Moins perspicace que Balzac[1], son génial compatriote, il a loué ou excusé la rapacité, l'esprit d'envahissement opiniâtre du paysan. Eh bien ! il a été mal payé de sa faiblesse : ce sont ces mêmes bûcherons de Touraine, héros de sa *Gazette du village,* qui devaient l'assassiner, après avoir vécu de sa femme.

Ce n'est pas la seule erreur de Courier : comme son apologie imprudente des paysans prouve une certaine dose de naïveté, ainsi son goût décidé pour l'Orléanisme avant la lettre est la marque d'un esprit timide et borné en politique. D'ailleurs il y a tout lieu de penser que, s'il eût vécu, il eût désavoué, en le voyant à l'œuvre, le gouvernement de juillet. Plus malheureux dans ses admirations que dans ses critiques, il n'a donc pu préférer une

1. Balzac, *Les Paysans.*

classe sociale, ni s'attacher à un prince sans donner des preuves irréfutables de la fausseté de sa vue.

Mais, malgré ses erreurs, il lui reste assez de titres à l'estime, à l'admiration de la postérité : à défaut d'idées politiques profondes, il eut le bon sens, qui lui fit combattre les folies des émigrés voulant restaurer l'ancien régime. Comme Voltaire, son véritable modèle, il eut la foi au progrès. Il faut aussi le louer d'avoir défendu avec toute son énergie, dans les *Lettres au Censeur,* l'indépendance nationale. Son plus violent grief contre les Bourbons, c'est de nous livrer aux puissances étrangères. Nous devons aimer chez Paul-Louis ce patriotisme ombrageux et fier, même s'il s'y mêle quelque parti pris contre le gouvernement.

Au demeurant, ce serait une cruelle injustice que de travestir ce courageux pamphlétaire en quelque Homais borné et rageur : certains critiques, en le dénigrant, n'ont prouvé que la violence de leur rancune contre la révolution et tout ce qui en est issu[1].

III. — L'Homme et l'Écrivain.

Courier, on le sait, a eu peu d'idées : d'ailleurs il n'aime guère les idées et néglige volontiers les gé-

---

1. Voir par exemple Vitu, *Ombres et vieux murs.*

néralités, observe de Cormenin, pour se jouer dans les détails avec un art ingénieux. Cette indifférence pour les idées ne l'empêche pas d'avoir ce que l'on peut appeler sa philosophie. C'est une philosophie qui rappelle la devise de l'abbaye de Thélème : fais ce que voudras. Individualiste, il se préoccupe avant tout de vivre heureux à sa guise, sans se soucier des jugements du monde. Dès l'époque où il traînait si doucement son existence en Italie, il avait fait graver sur son cachet ces mots grecs : « οὐ δοκεῖν ἀλλ' εἶναι ὄλβιος θέλω[1]. » Cela peint l'indépendant qui se moque de l'opinion. Voilà pourquoi il n'a jamais ambitionné une position brillante. Il a horreur des salons, des coteries où se font les réputations ; il tient bien peu de compte de ce que pensent les autres hommes. C'est ce qu'il écrivait à Bosquillon en 1810 : « Il y a peu de gens, mais bien peu, dont je recherche le suffrage ; encore m'en passerais-je au besoin. » Il arrive ainsi à la misanthropie par le scepticisme et par l'orgueil.

Mais sa haine de l'humanité n'est ni absolue, ni générale. Parfois, il a dit du mal de l'amitié ; mais il a aimé ses amis. Il eut des attachements purement intellectuels pour certaines femmes comme Mme Pigalle et la princesse de Salm-Dyck. A toutes

---

1. Je veux non paraître heureux, mais être heureux.

les époques de sa jeunesse, il goûta les charmes de l'amitié, soit au régiment, avec des officiers dont il fut le joyeux compagnon de plaisirs, soit dans les villes de France et d'Italie où l'appela son service, avec Chlewaski, Lonce, Dalayrac, Akerblad, d'Agincourt. Quoique souvent distrait et bizarre de caractère, il retrouvait tout son entrain dans un cercle d'amis. Il était heureux alors, et l'on s'en apercevait aux joyeuses saillies de sa conversation.

Ajoutons que quelques-unes de ces amitiés l'honorent grandement; celle de Gouvion-Saint-Cyr par exemple, ou bien celle du général Haxo qui, fidèle jusqu'à la fin au pamphlétaire, le secourut dans ses embarras d'argent, fit poursuivre ses meurtriers et composa une Introduction aux œuvres de son ami, laquelle est restée inédite.

Courier, qu'il est de mode de représenter comme un butor, Courier fut donc aimable avec ceux auxquels il voulut plaire et il fut digne d'être aimé. Il ne devint renfermé et maussade que le jour où fixé dans cette triste Chavonnière, sans relations possibles avec les gens de son monde, trahi par sa femme, il ne trouva autour de lui que paysans sournois, que bûcherons pillards, sans parler des tracasseries administratives ou judiciaires.

Si les ennemis de Courier ont souvent des prétextes pour incriminer son caractère, ils sont du

moins obligés de saluer en lui un écrivain exquis.
Comme on l'a fort bien noté, l'originalité de son
œuvre réside moins dans le fond que dans la
forme.

Ses goûts littéraires, affichés hautement, expli-
quent le genre de talent qu'il est arrivé à se donner
et rendent compte de sa manière d'écrire. Or, il est
impossible d'admirer les classiques français plus
qu'il ne fit. « Gardez-vous bien de croire que quelqu'un ait écrit en français depuis le règne de
Louis XIV. »

Mais ce qu'il juge incomparable dans la littérature classique, ce n'est ni la force ni l'abondance
des pensées, c'est la perfection de la forme. Voilà le
grand mot lâché. Oui Courier en a le culte au point
de croire à un art d'écrire indépendant de la valeur
du fond. Il croit même que la richesse de la matière peut faire tort au talent de l'écrivain : « La
science et l'éloquence, écrit-il, sont peut-être incom-
patibles. »

De ce préjugé, procède son mépris des connaissances positives, des faits historiques par exemple;
et il en vient à dire : « Pour moi, m'est avis que
cet enchaînement de sottises et d'atrocités qu'on
appelle histoire, ne mérite guère l'attention d'un
homme sensé. » Puisque les faits ne peuvent que
gâter la forme, il en arrive même à concevoir qu'on

puisse, à son gré, les supprimer ou les modifier. Il admet aussi qu'on puisse créer une œuvre littéraire qui n'ait d'original que le style, le fond étant emprunté ou copié.

Voilà pourquoi il loue et préconise les pastiches des œuvres anciennes, dont il a donné lui-même des modèles dans son *Daphnis*, dans son *Éloge d'Hélène* et dans son *Hérodote*.

Par un effort heureux d'assimilation, il devint grec de goût en composant ces œuvres, ce qui ne contraria nullement sa culture française obtenue en lisant nos auteurs du xvie et du xviie siècle.

Il devint grec, au point de pouvoir faire, à la façon de Théocrite et de Moschus, de petits tableaux ou εἰδύλλια. On rencontre en effet dans ses Lettres de petites scènes d'un art tout antique et exquis, faites, semble-t-il, pour être ciselées sur le ventre d'une amphore. On y admire une suavité de touche qui les rend uniques dans notre langue. Ainsi l'on pourrait dire que, sur les confins des littératures française et grecque, il a mis en valeur une étroite bande de terrain dont l'attribution avant lui était incertaine ; nos compatriotes, depuis la mort d'André Chénier, n'osaient s'en emparer, et ils la laissaient en friche, faute de savoir y cultiver les plantes qui ont besoin du soleil ardent de l'Attique et de son air léger. Mais Paul-Louis, ayant retrouvé

les procédés des Xénophon et des Lysias, se mit à
ensemencer ce sol aride et y dessina de petits jar-
dins d'un style néo-grec, où le promeneur pourrait
se croire transporté sur les bords de l'Ilissus aux
plus beaux temps de l'ancienne Athènes.

Tel est l'artiste littéraire dont un critique a pu
dire : « Courier est une apparition charmante et
imprévue dans les lettres françaises. »

Sa prose est en effet le régal des délicats; et
Sainte-Beuve, souvent injuste pour l'homme, a rencontré juste en appréciant, non plus sa personne
morale, mais son talent. C'est par ce jugement qu'il
est équitable de conclure : « Courier restera dans
la littérature française comme un type d'écrivain
unique et rare. Il était de ces individus distingués
à qui il a été donné d'arriver à la perfection dans
leur genre et de mettre le fini à leur nature : ils
ont fait peu, mais ce peu est parfait et terminé. »

TABLE DES MATIÈRES

CHAPITRE IX.

JUGEMENT D'ENSEMBLE SUR COURIER.

IMPRIMERIE DURAND
RUE FULBERT, A CHARTRES